송재환쌤의

문해탄탄
한자일력
365

공부가 재밌어지고 독서가 즐거워지는
기초한자의 마법

송재환 지음

KB043493

21세기북스

KI신서 11177

송재환쌤의 문해탄탄 한자일력 365

1판 1쇄 인쇄 2023년 10월 4일
1판 1쇄 발행 2023년 11월 1일

지은이 송재환
펴낸이 김영곤
펴낸곳 (주)북이십일 21세기북스

콘텐츠개발본부이사 정지은
인생명강팀장 윤서진 인생명강팀 최은아 강혜지 황보주향 심세미
디자인 어나더페이퍼 일러스트 유재이
마케팅2팀 나은경 정유진 박보미 백다희 이민재
출판영업팀 최명열 김다운 김도연
제작 이영민 권경민

출판등록 2000년 5월 6일 제406-2003-061호
주소 (10881) 경기도 파주시 회동길 201(문발동)
대표전화 031-955-2100 팩스 031-955-215 이메일 book21@book21.co.kr

(주)북이십일 경계를 허무는 콘텐츠 리더

21세기북스 채널에서 도서 정보와 다양한 영상자료, 이벤트를 만나세요!

페이스북   facebook.com/jiinpill21   포스트   post. naver.com/21c_editors
인스타그램 instagram.com/jiinpill21   홈페이지 www.book21.com
유튜브   youtube.com/book21pub

서울대 가지 않아도 둘을 수 있는 명강의! 〈서가명강〉
서가명강에서는 〈서가명강〉과 〈인생명강〉을 함께 만날 수 있습니다.
유튜브, 네이버, 팟캐스트에서 '서가명강'을 검색해보세요!

ⓒ송재환, 2023
ISBN 979-11-7117-132-3 (12710)

- 이 책 내용의 일부 또는 전부를 재사용하려면 반드시 (주)북이십일의 동의를 얻어야 합니다.
- 잘못 만들어진 책은 구입하신 서점에서 교환해드립니다.
- 책값은 뒤표지에 있습니다.

송재환

서울교육대학교와 한국교원대학교 대학원을 졸업했습니다. 현재 서울 동산초등학교에서 학생들을 20년 이상 가르치고 있으며, 올바른 교육과 효과적인 공부법에 대해 쓰고 전하는 작가와 강연가로도 학생과 학부모들을 만나고 있습니다.

특히 『초등 고전 읽기 혁명』을 통해 고전이 아이들을 어떻게 변화시키고 성장시키는지 생생하게 보여주어 초등 고전 읽기 열풍을 불러일으켰습니다. 저서로 『인성 쑥쑥 한자 쑥쑥 초등 사자소학』, 『어휘 쑥쑥 논리 쑥쑥 초등 명심보감』, 『초등 1학년 공부, 책읽기가 전부다』, 『초등 2학년 평생 공부 습관을 완성하라』 등이 있습니다.

많은 저서가 문화체육관광부 우수교양도서로 선정됐으며, 왕성한 저술 활동과 독서 교육에 대한 공로를 인정받아 '올해의 독서 문화상(2011)'과 '눈높이 교육상(2020)'을 수상했습니다.

혹시 '공수拱手 인사' 뜻을 아시나요? 초등학교 3학년 친구들에게 공수 인사 뜻을 물으니 배꼽 인사라고 하더군요! 공수에서 '공拱'자가 무슨 뜻일 것 같냐고 물으니 한 친구가 '배꼽 공'이라고 답변을 해서 한참 웃었던 기억이 납니다. '공拱'자는 '두 손 맞잡을 공'입니다. 그래서 '공수 인사'는 배꼽 인사가 아니라 '두 손을 공손하게 맞잡고 하는 인사'를 말합니다. 이처럼 한자를 알면 낱말 뜻이 분명해지고 어휘력이 폭발적으로 늘어납니다. 당연히 공부도 잘할 수 있게 되겠지요.

여러 가지 이유로 한자 공부를 하고 싶어 하는 친구들이 어떻게 하면 한자를 쉽고 재미있게 할 수 있을까를 고민하다 『송재환쌤의 문해탄탄 한자일력 365』를 만들게 되었습니다. 이 일력을 잘 활용하면 친구들의 한자 실력 향상에 정말 많은 도움이 될 겁니다.

책상 위에 일력을 놓고 하루에 한 장씩 넘기면서 오늘의 한자를 눈여겨보세요. 오늘의 한자로 제시된 한자 365자는 전국한자능력시험 기준 6급(300자) 한자를 모두 포함하고 있습니다. 오늘의 한자 365자만 잘 익혀도 한자급수 6급 시험은 무난하게 합격할 겁니다. '오늘의 낱말'은 오늘의 한자가 들어간 낱말입니다. 오늘의 낱말의 뜻과 짤막한 설명이 있는데 잘 읽어 보면 인생의 지혜를 배울 수 있습니다. '어휘력 뿜뿜'은 오늘의 낱말과 비슷한 말, 반대말, 관용어 등을 소개했습니다. 친구들의 어휘력이 뿜뿜할 겁니다. 마지막 부분은 오늘의 한자와 관련된 속담, 사자성어, 사자소학 구절을 통해 한자를 낱자가 아닌 문장으로 익힐 수 있게 구성했습니다. 이 구절들을 읽다 보면 나만의 인생 구절을 만날 수 있을지도 모릅니다. 눈을 크게 뜨고 찾아보세요.

매일 일력을 한 장씩 넘기면서 2분 정도만 눈여겨 읽어 보세요. 아마 1년 뒤에 친구들의 한자 실력은 그 누구보다 늘어 괄목상대刮目相對가 되어 있을 겁니다. 또한 그동안 자란 어휘력과 사고력, 인생의 지혜 등은 덤입니다. 친구들의 멋진 변화를 기대합니다.

초등교사 작가 송재환 드림

31일

送

보낼 송

오늘의 낱말

送別
송   별

떠나는 사람을 작별하여 보냄

올 한 해가 이제 하루가 남았네요. 1년 동안 고생 많았습니다. 아쉬움도 많이 남겠지만 모두 다 털어버리고 희망찬 새해를 맞이했으면 좋겠습니다. 대단합니다.

예문 · 전학 가는 친구에게 송별의 의미로 반지를 주었다.

어 휘 력 뿜 뿜   비슷한 말 · 배웅, 전송, 이별   반대말 · 마중

관련 사자성어

送舊迎新 송구영신
옛것을 보내고 새로운 것을 맞이한다는 뜻으로, 묵은해를 보내고 새해를 맞는다는 말.

30일

年

해 년

오늘의 낱말

舊 年
구 년

지난해. 묵은해

올해는 이제 구년이 됩니다. 신년인 내년이 곧 밝아옵니다. 사람들은 묵은 것보다는 새것을 좋아합니다. 묵은 것이 있다면 과감히 벗어 버리기 바랍니다. 버려야 채워지는 법입니다.

예문 · 구년에는 대충 살았지만 신년에는 최선을 다해야겠다.

어휘력 뿜뿜

비슷한 말 · 지난해, 작년, 묵은해 반대말 · 신년
동음이의어 · 구년(久年) - 오랜 세월

관련 사자성어

年末年始 연말연시
한 해의 마지막 때와 새해의 첫머리를 아울러 이르는 말.

1일

하나 일

오늘의 낱말

一 月
일   월

한 해 열두 달 가운데 첫째 달

희망찬 일월입니다. 날씨는 코를 베어 갈 만큼 춥습니다. 날씨가 우리에게 정신 좀 차리라고 하는 건 아닐까요? 오늘은 새해 첫날이니 한 해 계획을 세워 보세요. 기대감이 생길 것입니다.

예문 · 올해는 일월인데도 날씨가 덜 춥다.

어휘력 뿜뿜   비슷한 말 · 정월, 정월달

관련 속담

일월은 크고 이월은 작다.

한 번 좋은 일이 있으면 다음에는 궂은일이 생기듯 인생은 좋은 일과 궂은일이 돌고 돈다는 말.

12월

29일

待

기다릴 대

오늘의 낱말

期 待

기 대

어떤 일이 이루어지길 바라고 기다림

지금쯤이면 내년에 대한 기대감이 한껏 부풀어 오를 때입니다. 내 년에는 어떤 기대가 있나요? 꿈꿔 보세요. 기대를 버리지 말고 바라고 기다려 보세요. 마침내 현실로 올 날이 있을 것입니다.

예문 • 나는 우리 부모님의 기대를 한 몸에 받으면서 자랐다.

어 휘 력 뿜 뿜

비슷한 말 • 희망, 소망, 바람, 여망, 고대 반대말 • 포기, 절망
관용 표현 • 기대를 걸다, 기대가 크다

관련 사자성어

守株待兔 수주대토
그루터기를 지켜 토끼를 기다린다는 뜻으로, 한 가지 일에만 얽매여 발전을 모르 는 어리석음을 비유적으로 이르는 말.

2일

新

새 신

오늘의 낱말

新 年
신 년

새로 시작되는 해

신년이 밝았습니다. 어떤 한 해가 되기를 꿈꾸나요? '꿈은 이루어 진다'라는 말을 가슴에 새기면서 행복하고 복된 한 해가 되기를 바랍니다.

예문 · 부모님께 "새해 복 많이 받으세요"라고 신년 인사를 드렸다.

어 휘 력 뿜 뿜 비슷한 말 · **새해** 반대말 · **구년**(舊年, 지난해)

관련 사자성어

謹賀新年 근하신년

'삼가 새해를 축하합니다'라는 새해 인사말.

12월

28일

去

갈 거

오늘의 낱말

過去

과 거

지나간 때

부끄러운 과거든지 찬란했던 과거든지 과거에 얽매이는 사람은 앞으로 나아가기 어렵습니다. 자동차의 백미러는 뒤를 보기 위한 것이지만 결국 앞으로 잘 가기 위해 보는 것입니다.

예문 • 나는 과거를 잊고 새로운 마음으로 출발하기로 마음먹었다.

어 휘 력 뿜 뿜

비슷한 말 • 예전, 지난날, 그전, 옛날 반대말 • 미래
동음이의어 • 과거(科擧) - 조선 시대에 관리를 뽑을 때 실시하던 시험

관련 사자성어

去者必返 거자필반
떠난 사람은 반드시 돌아온다는 뜻으로, 헤어짐에 대한 아쉬움을 달래는 말.

3일

福

복 복

오늘의 낱말

祝福

축   복

행복을 빎

하나님께 복을 빌거나 복을 받는 것을 일러 '축복'이라 말합니다. 매일 나를 축복하고 다른 사람을 축복하며 사세요. 이것이 바로 축복받은 인생입니다.

예문 · 많은 사람들의 축복 속에서 결혼식을 올렸다.

어 휘 력 뿜 뿜 · 비슷한 말 · **행복, 기복, 복** 　반대말 · **저주**

> **관련 속담**
>
> **복은 쌍으로 오지 않고 화는 홀로 오지 않는다.**
> 복을 받기는 매우 어렵고 화는 겹쳐 온다는 말.

27일

過

지날 과, 허물 과

오늘의 낱말

過誤

과   오

부주의나 태만 따위에서 비롯된 잘못이나 허물

과이불개(過而不改)란 말이 있습니다. 잘못을 알고도 고치지 않는다는 말입니다. 사람은 누구나 잘못을 하기 마련입니다. 하지만 진짜 잘못은 잘못을 하고도 고치지 않으려는 것입니다.

예문 • 나의 과오를 뉘우치면서 참회의 눈물을 흘렸다.

어 휘 력 뿜 뿜

비슷한 말 • 잘못, 과실, 허물
관용 표현 • 과오를 범하다

관련 사자성어

過而不改 과이불개

잘못하고도 고치지 않는 것이라는 뜻으로, 진짜 잘못이란 잘못한 것을 알고도 고치지 않는 것임을 강조한 말.

1월

4일

石

돌 석

石頭
석 두

몹시 어리석은 사람의 머리를 낮잡아 이르는 말

우리는 가끔 '나는 왜 이렇게 멍청할까?'라며 자신을 비하합니다. 심지어 친구를 돌머리라고 놀리기도 합니다. 나와 친구를 존중할 줄 모르는 사람이야말로 자기 자신을 되돌아봐야 할 것입니다.

예문 · 머리에 든 게 없는 석두가 되지 않기 위해 노력해야 한다.

어 휘 력 뿜 뿜   비슷한 말 · 돌머리 반대말 · 천재

관련 사자성어

一石二鳥 일석이조
돌 한 개를 던져 두 마리의 새를 잡는다는 뜻으로, 한 번에 두 가지 이득을 봄을 이르는 말.

26일

立

설 립

오늘의 낱말

오늘의 낱말

立 場
입 장

당면하고 있는 상황

혹시 역지사지(易地思之)란 말을 알고 있나요? 입장을 바꿔서 생각한다는 말입니다. 인간은 자기중심적이기 때문에 입장을 바꿔 생각하는 것은 정말 어려운 일인 듯합니다. 나는 어떤가요?

예문 · **나는 그 일로 인해 입장이 난처하게 되었다.**

어 휘 력 뿜뿜

비슷한 말 · 상황, 태도, 거취, 관점
동음이의어 · 입장(入場) - 극장이나 경기장 따위로 들어감.

관련
사자소학

父母出入 每必起立 부모출입 매필기립
부모님이 드나드실 때 매번 반드시 일어서야 한다.

1월

5일

歌

노래 가

歌 謠
가   요

대중이 널리 부르는 노래

가요는 주로 어른들이 즐겨 부르는 노래를 이르는 말이고, 아이들의 노래는 '동요'라고 합니다. 하지만 요즘은 아이들도 동요를 잘 부르지 않아 서글퍼집니다.

예문 · 어제 친구들과 노래방에서 가요 몇 곡을 불렀다.

어 휘 력 뿜 뿜 비슷한 말 · 노래, 대중가요

**관련
사자성어**

四面楚歌 사면초가

사방에서 들려오는 초나라 노랫소리. 도움받을 곳 하나 없이 아주 곤란한 지경에 빠진 것을 이르는 말.

25일

聖

성스러울 성

오늘의 낱말

聖 誕
성   탄

성스러운 탄생

오늘은 예수님이 태어난 성탄절입니다. 예수님은 우리의 죄를 용서하기 위해 십자가에 못 박혔습니다. 예수님이 우리를 사랑했듯이 우리도 주변 사람들을 사랑하며 살아야겠습니다.

예문 · **예수님의 생일을 축하하는 날이 바로 성탄절이다.**

어 휘 력 뿜 뿜   비슷한 말 · **탄신, 탄생**

관련 낱말   **聖誕 캐롤(성탄 캐롤)**
14세기경부터 영국에서 생겨나 성탄절에 부르는 성탄 축하곡을 아울러 이르는 말.

6일

大

큰 대

오늘의 낱말

大 小
대   소

크고 작음

수학 문제에서 '대소를 비교하시오'라는 문제를 가끔 만납니다. 여기에서 '대소'는 크고 작음을 일컫는 말입니다. 큰 꿈을 꾸고 멀리 보면 현실의 작은 어려움을 잘 이겨 낼 수 있습니다.

예문 · 부등호(<, >)는 대소 관계를 나타내는 수학 기호다.

어휘력 뿜뿜   비슷한 말 · 크고 작음, 대소경중

관련 사자성어

大器晚成 대기만성
큰 그릇은 만드는 데 시간이 오래 걸린다는 뜻으로 크게 될 사람은 늦게 된다는 말.

12월

賀

하례 하

오늘의 낱말

賀 禮
하 례

축하하여 예를 차림

우리가 '잔치'라고 부르는 것을 한자어로는 '하례'라고 합니다. 요새는 파티(party)라는 말을 더 많이 쓰는 것 같지만 왠지 잔치나 하례라는 말이 친근감 있고 더 성대하게 느껴집니다.

예문 · 할아버지는 자녀들에게 칠순 하례를 받고 기뻐하셨다.

어 휘 력 뿜 뿜   비슷한 말 · 축하   관용 표현 · 하례하다

관련
사자성어   **新年賀禮** 신년하례
새로 시작하는 해를 맞아 축하하며 인사를 건넴.

7일

家

집 가

家族

가 족

부부를 중심으로 자녀 등을 더하여 구성된 집단

세상에 가족만큼 소중한 것도 드뭅니다. 나를 세상에서 가장 사랑하는 사람도 아마 가족일 것입니다. 가족에게 기쁨이 되는 내가 되면 좋겠습니다.

예문 · 우리 가족은 서로를 위하며 존중해 준다.

어휘력 뿜뿜   비슷한 말 · 가정, 식구, 집안

관련
사자소학

積善之家 必有餘慶 적선지가 필유여경
선행을 쌓는 집에는 반드시 많은 경사가 따른다.

23일

祝

빌 축

오늘의 낱말

祝賀
축 하

남의 좋은 일을 기뻐하고 즐거워한다는 뜻으로 인사함

다른 사람에게 좋은 일이 있을 때 기쁜 마음으로 축하하는 것이 쉬워 보이지만 쉽지 않습니다. 남이 잘될 때 박수를 치고 기뻐해 줄 수 있어야 나도 축하받을 일이 있을 때 박수받고 축하받을 수 있습니다.

예문 · 친구 생일잔치에 가서 생일 축하를 해 주었다.

어휘력 뿜뿜

비슷한 말 · 송축, 경하, 하례, 감축, 경하
관용 표현 · 생일 축하, 축하 잔치

관련 단어

祝賀宴 축하연

축하하기 위해 베푸는 잔치로 축하연에 참석한 손님을 축하객, 축하하기 위해 마시는 술을 축하주라고 함.

8일

交

사귈 교

오늘의 낱말

交 友
교   우

친구나 벗을 사귐

어릴 때는 부모님이 가장 소중하지만 자라면서 친구가 소중해집니다. 마음이 통하는 친구 한 명만 있어도 학교가 재미있지요. 나는 누군가에게 그런 친구가 되고 있나요?

예문 · 그 친구는 욕을 많이 하고 거칠어서 교우 관계가 별로 좋지 않다.

어 휘 력 뿜 뿜   비슷한 말 · 벗, 친구, 친우

관련 속담

친구를 보면 그 사람을 알 수 있다.

비슷한 사람끼리 친구가 되기 때문에 친구를 보면 그 사람의 성격이나 인성을 알 수 있다는 말.

12월

22일

結

맺을 결

오늘의 낱말

結末
결　말

어떤 일이 마무리되는 끝

우리는 영화를 보든 책을 읽든 결말을 알고 싶어 합니다. 심지어 결말이 궁금해서 책의 마지막 부분을 먼저 읽는 친구들도 있습니다. 하지만 인생의 결말을 알고 산다면 얼마나 재미없을까요?

예문 · 내가 작심했던 일이 결말도 없이 흐지부지되었다.

어휘력 뿜뿜

비슷한 말 · 끝, 결론, 결국, 결과, 마무리　반대말 · 시작, 서론
관용 표현 · 일의 결말, 이야기의 결말

관련 사자성어

結者解之 결자해지
묶은 사람이 풀어야 한다는 뜻으로, 어떤 일을 저지른 사람이 그 일을 해결해야 한다는 말.

9일

生

날 생

오늘의 낱말

生 日

생 일

세상에 태어난 날

내가 세상에 온 날이 '생일'입니다. 내가 세상에 오게 해 준 분은 바로 부모님입니다. 세상에 왔으니 기쁨을 주고 사랑받는 존재가 되면 얼마나 좋을까요?

예문 • 내 생일 파티에 꼭 초대하고 싶은 친구가 있다.

어휘력 뿜뿜   비슷한 말 • 생일날   높임말 • 생신, 탄신

관련 사자성어   **生面不知 생면부지**
태어나서 한 번도 만난 적이 없어 전혀 알지 못하는 사람이나 그런 관계.

21일

望

바랄 망

所望
소   망

어떤 것을 바라고 원함

올해 소망한 일은 잘 이루어졌나요? 아마 잘 안 된 일이 더 많을 것입니다. 쉽게 이루어질 일을 소망하는 사람은 없습니다. 소망은 이루기가 어렵습니다. 다시 소망을 가져 보세요. 언젠간 이루어집니다.

예문 • 내년에 대한 소망이 점점 부풀어 오르고 있다.

어 휘 력 뿜 뿜   비슷한 말 • 염원, 생각, 소원, 바람, 꿈, 기대

**관련
사자성어**   **大失所望** 대실소망
바라던 것이 아주 허사가 되어 크게 실망함.

1월

10일

上

위상

오늘의 낱말

上下
상 하

위와 아래를 아울러 이르는 말

올라가면 내려가야 할 때가 있는 것이 세상의 이치입니다. 산을 오르기만 할 수는 없습니다. 언젠가는 다시 내려와야 합니다.

예문 · 군대는 상하 관계가 명확한 조직이다.

어휘력 뿜뿜

비슷한 말 · 위아래, 고하, 높낮이

관련 사자성어

莫上莫下 막상막하

위도 없고 아래도 없다는 말로 더 낫고 더 못함의 차이가 거의 없음을 이르는 말.

12월

20일

勞

힘쓸 로

오늘의 낱말

勞苦
노 고

힘들여 수고하고 애씀

올해 여기까지 달려오느라 정말 노고가 컸습니다. 어떤 일이 잘 안 되진 않을까 노심초사하는 시간도 많았을 것입니다. 그런 수고와 애씀이 있었기에 여기까지 올 수 있었습니다. 고생 많으셨습니다.

예문 · 부모님의 노고에 보답하기 위해 작은 선물을 준비했다.

어 휘 력 뿜 뿜

비슷한 말 · 수고, 고생,
관용 표현 · 노고를 위로하다

관련
사자성어

勞心焦思 노심초사
몹시 마음을 쓰며 애를 태움.

1월

11일

山

뫼 산

오늘의 낱말

江山

강 산

__강과 산을 이르는 말로 경치나 나라의 영토를 이르기도 함__

내가 태어나고 자란 이 강산의 소중함을 아는 것이 나라를 사랑하는 첫걸음입니다. 길가의 나무 한 그루, 풀 한 포기조차 사랑스러운 우리나라입니다.

예문 · 우리의 아름다운 강산을 아끼고 지켜 갈 것이다.

어 휘 력 뿜 뿜

비슷한 말 · 산악, 산지
관용구 · 산 설고 물 설다 - 타향에서 모든 것이 낯설고 서먹서먹하다는 말

관련 사자성어

錦繡江山 금수강산

비단에 수를 놓은 듯한 아름다운 강산을 이르는 말로 우리나라 산천을 뜻한다.

19일

朋

벗 붕

오늘의 낱말

朋 友

붕 우

비슷한 또래로 서로 친하게 사귀는 사람

붕우유신(朋友有信)이라는 말을 아나요? 친구 간에는 믿음이 있어야 한다는 말입니다. 친구 사이 믿음이 깨지는 순간 멀어지기 마련입니다. 친구들에게 믿음을 주는 사람이 되길 바랍니다.

예문 · 지금은 친구라는 말을 쓰지만 예전에는 붕우라는 말을 썼다.

어 휘 력 뿜 뿜   비슷한 말 · 벗, 친구, 동무

관련 사자소학

朋友有過 忠告善導 붕우유과 충고선도

친구에게 잘못이 있거든 충고하여 착하게 인도하라.

白

흰 백

오늘의 낱말

白 紙
백   지

흰 빛깔의 아무것도 쓰여 있지 않은 종이

여러분의 인생은 아직 백지와 같은 상태입니다. 무엇이든지 쓰거나 그릴 수 있는 백지상태는 무한한 가능성입니다. 매일 아름다운 것을 쓰고 그려 가는 여러분이 되기를 응원합니다.

예문 · 그 친구와 나의 실력 차이는 백지 한 장 차이다.

어 휘 력 뿜 뿜

비슷한 말 · 흰 종이
관용구 · 백지 한 장 차이 - 아주 근소한 차이를 비유적으로 이르는 말

관련
속담

백지장도 맞들면 낫다.
쉬운 일이라도 협력하면 훨씬 쉽다는 말.

18일

凶

흉할 흉

오늘의 낱말

凶年

흉   년

농작물이 예년에 비해 잘되지 않아 굶주리게 된 해

농부가 봄에 씨를 뿌렸지만 가을에 거둘 것이 거의 없는 해를 흉년이 들었다고 합니다. 여러분의 올 한 해는 어땠나요? 계획한 것을 많이 거둔 풍년과 같은 해였나요? 반대로 흉년과 같은 해였나요?

예문 • 올해는 벼농사가 흉년이 들어 쌀값이 폭등했다.

어 휘 력 뿜 뿜

비슷한 말 • 재년, 황년   반대말 • 풍년
관용 표현 • 흉년이 들다

관련 속담

흉년 거지 더 섧다.
가뜩이나 고달픈 거지가 흉년에는 더 힘들다는 말.

13일

父

아비 부

오늘의 낱말

父母
부　모

아버지와 어머니를 아울러 이르는 말

나를 세상에 태어나게 한 분이 바로 부모님입니다. 그 은혜를 생각하고 감사를 표현하는 것이 효도가 아닐까 싶습니다. 부모님께 "감사합니다"라고 말해 보면 어떨까요?

예문 · 나는 부모님을 생각하면 자꾸만 눈물이 난다.

어 휘 력 뿜 뿜 　　비슷한 말 · 어버이, 양친, 이인(二人)

관련 사자소학	**父生我身 母鞠吾身 부생아신 모국오신** 아버지는 내 몸을 낳으시고 어머니는 내 몸을 기르셨다.

12월

17일

吉

길할 길

오늘의 낱말

吉兆
길　　조

좋은 일이 있을 조짐이나 낌새

사람들은 돼지꿈을 꾸면 길조로 여겨 복권을 사곤 합니다. 반대로 뒤숭숭한 꿈을 꾸면 흉조로 여겨 불안해 합니다. 하지만 나의 선택에 따라 같은 일도 길조가 될 수도 있고 흉조가 될 수도 있습니다.

예문 • 내 동생이 태어난 것은 우리 집안에 큰 길조로 여겨졌다.

어 휘 력 뿜 뿜　　비슷한 말 • 청신호, 파란불, 서광　　반대말 • 흉조(凶兆)
동의이의어 • 길조(吉鳥) - 사람에게 어떤 좋은 일이 일어날 것을 알려주는 새.

**관련
사자성어**　　**吉凶禍福 길흉화복**
좋은 일과 나쁜 일, 행복한 일과 불행한 일을 아울러 이르는 말.

14일

母

어미 모

오늘의 낱말

母性愛
모 성 애

자식에 대한 어머니의 본능적인 사랑

"여자는 약하지만 어머니는 강하다"라는 말이 있습니다. 그만큼 어머니는 자식에 대한 사랑이 강하고, 어떤 것도 그 사랑을 막을 수 없습니다. 아낌없는 사랑을 베푸는 사람, 바로 엄마입니다.

예문 · 우리 엄마의 모성애는 그 무엇보다 강하다.

어 휘 력 뿜 뿜   비슷한 말 · 모정(母情)   반대말 · 부성애(父性愛)

관련 사자소학   **父生我身 母鞠吾身 부생아신 모국오신**
아버지는 내 몸을 낳으시고 어머니는 내 몸을 기르셨다.

16일

獨

홀로 독

獨善
독 선

자기 혼자만 옳다고 생각하고 행동하는 일

자기 말만 맞다고 하고 다른 사람의 말은 도통 들으려 하지 않는 것을 일러 독선적이라고 합니다. 독선적인 사람과는 말을 섞고 싶지 않습니다. 나에게도 독선적인 면이 있지 않나 항상 살펴야 합니다.

예문 • 독선에 빠지지 않기 위해 남의 의견을 경청해야 한다.

어휘력 뿜뿜

비슷한 말 • 독단 반대말 • 포용
관용 표현 • 독선에 빠지다

관련 사자성어

獨不將軍 독불장군
혼자서는 장군을 못 한다는 뜻으로, 남의 의견은 무시하고 혼자 마음대로 처리하는 사람을 빗댄 말.

1월

15일

小

작을 소

오늘의 낱말

小人
소   인

나이가 어리거나 적은 사람

여러분은 아직 어린 소인입니다. 어리다고 나쁜 점만 있는 것은 아닙니다. 놀이공원이나 대중교통 요금은 소인 요금이 더 저렴하니까요. 어릴 때만 누릴 수 있는 것들을 잘 누리길 바랍니다.

예문 · 놀이공원 입장료가 대인은 2만 원 소인은 1만 원이다.

어휘력 뿜뿜　　비슷한 말 · 어린이, 어린아이, 소년

관련 사자성어

小貪大失 소탐대실
작은 것을 탐하다 큰 것을 잃는다는 말로, 욕심을 부리지 말라는 뜻이다.

12월

15일

具

갖출 구

오늘의 낱말

具色
구 색

여러 가지 물건을 고루 갖춤

구색을 다 갖추고 살려면 한도 끝도 없는 듯합니다. 점점 갖춰야
할 것이 많아지기 마련입니다. 구색을 다 갖췄다고 생각하는 순간
다시 갖춰야 할 것이 보이기 시작하곤 합니다.

예문 · **결혼식 복장 구색**을 맞추기 위해 옷을 새로 샀다.

어 휘 력 뿜 뿜

비슷한 말 · **구비**
관용 표현 · **구색을 맞추다, 구색이 맞다.**

관련
사자성어

具色親舊 구색친구
각 방면의 사람과 널리 사귀는 친구.

1월

16일

마음 심

오늘의 낱말

作心
작 심

__마음을 단단히 먹음__

우리의 마음은 보이지 않지만 우리의 말과 행동은 마음먹기에 달려 있습니다. 아무리 잘해 보겠다고 작심하지만 그 마음은 자꾸 도망갑니다. 부디 다시 마음을 다잡기를 바랍니다.

예문 · 나는 오늘부터 새로운 내가 되리라고 작심했다.

어 휘 력 뿜 뿜   비슷한 말 · 결심, 작정

관련
사자성어

__作心三日 작심삼일__
단단히 먹은 마음이 사흘을 가지 못한다는 뜻으로 결심이 굳지 못함을 이르는 말.

14일

番

차례 번

오늘의 낱말

번 번

매 때마다

좋은 기회를 번번이 놓친 적은 없나요? 같은 실수를 번번이 하고 있지는 않나요? 이번 한 번이 마지막이라는 생각을 가지면 조금은 나아질 것입니다. 정말로 이번이 마지막 기회일 수 있습니다.

예문 · 내 친구는 약속을 번번이 어긴다.

 어 휘 력 뿜 뿜

비슷한 말 · 매번, 늘, 자꾸, 자주, 항상
반대말 · 가끔

관련
단어

電話番號 전화번호
전화기마다 매겨져 있는 번호.

17일

言

말씀 언

오늘의 낱말

言 行
언   행

말과 행동을 아울러 이르는 말

옷차림이나 얼굴을 살피기 위해 거울을 보듯 내 언행을 항상 살필 필요가 있습니다. 내가 어떤 말을 내뱉으며, 나의 행동에 그릇된 것은 없는지 항상 살펴보세요.

예문 · 그 사람의 언행을 보면 그 됨됨이를 알 수 있다.

어 휘 력 뿜 뿜   비슷한 말 · 말과 행동

관련 사자성어   **言行一致 언행일치**

말과 행동이 일치한다는 말로, 말한 대로 실천하는 것을 뜻한다.

13일

銀

은 은

오늘의 낱말

銀行
은   행

금융 기관의 하나로 돈을 맡기거나 빌릴 때 사용하는 곳

은행에 가는 목적은 돈을 저축하거나 돈을 빌리기 위해 갑니다. 은행에 가는 것은 같지만 목적은 정반대입니다. 여러분은 돈을 빌리는 인생이 되지 말고 저축하는 인생이 되길 바랍니다.

예문 • 해외 여행을 가기 위해 은행에 가서 환전을 했다.

어 휘 력 뿜 뿜 | 비슷한 말 • 금융 기관, 금고

**관련
사자성어**

金銀寶貨 금은보화

금, 은, 옥 따위의 귀한 보물.

1월

18일

手
손 수

오늘의 낱말

手足
수 족

손과 발을 아울러 이르는 말. 때로는 자신의 손과 발처럼 마음대로 부리는 사람을 이름

손과 발을 한 번 자세히 살펴보세요. 내 손은 좋은 일을 하고 있나요? 내 발이 가지 말아야 할 곳을 향하고 있지는 않나요? 수족을 잘 놀리는 사람이 되길 바랍니다.

예문 · 수족을 함부로 놀리다 다쳤다.

어 휘 력 뿜 뿜

비슷한 말 · 팔다리, 손발
관용구 · 수족을 놀리다, 남의 수족 노릇을 하다

**관련
사자성어**

袖手傍觀 수수방관
팔짱을 끼고 보고만 있다는 뜻으로, 관심도 없이 버려둠을 이르는 말.

12일

科

과목 과

오늘의 낱말

科目

과   목

(국어, 수학처럼) 지식의 각 분야를 세분한 교과 영역

내가 좋아하는 과목은 무엇인가요? 좋아하면 잘할 수 있고 잘하면 탁월해질 수 있습니다. 좋아하지 않는 과목은 왜 좋아하지 않는지를 잘 보기 바랍니다. 관심을 가지면 좋아지기 마련입니다.

예문 · 국어와 수학은 내가 제일 싫어하는 과목이다.

어휘력 뿜뿜   비슷한 말 · 교과목, 학과목

관련
사자성어

金科玉條 금과옥조
금과 옥 같은 법률이라는 뜻으로, 소중히 여기고 지켜야 할 규칙이나 교훈을 말함.

19일

人

사람 인

오늘의 낱말

人間

인 간

언어를 사용하며 도구를 만들고 사회를 이루어 사는 존재

사람 인(人)자는 두 명이 서로 기대고 있는 모습을 형상화한 글자라고 합니다. 인간은 혼자 살 수 없습니다. 다른 사람과 같이 행복하고 기쁘게 살아가야 하는 존재가 바로 인간입니다.

예문 · 인간은 서로 도움을 주고받으면서 살아가는 존재다.

어 휘 력 뿜 뿜   비슷한 말 · **사람, 인류**   관용구 · **인간 같지 않다**

관련 사자소학

人之在世 不可無友 인지재세 불가무우

사람이 세상에 살면서 친구가 없을 수 없다는 말로 친구는 꼭 필요하고 중요하다는 뜻.

11일

等

가지런할 등

等號
등   호

두 식 또는 두 수가 같음을 나타내는 기호(=)

'2+3=□'의 정답을 4라고 답하면 틀립니다. 등호(=)를 무시했기 때문입니다. 모든 기호에는 의미가 있고 쓰임새가 정해져 있습니다. 작은 기호도 정확하게 알고 사용하는 습관을 들이세요.

예문 · 수학의 기호인 등호(=)는 정확하게 사용해야 한다.

어휘력 뿜뿜

비슷한 말 · 같음표, 등료, 이퀄(equal)
반대말 · 부등호

관련 성어

不等號 부등호
두 개의 수식 사이에 크고 작은 관계를 나타내는 기호(〈, 〉).

20일

天

하늘 천

오늘의 낱말

天 運
천   운

하늘이 정한 운명

내가 마음먹으면 뭐든지 할 수 있다는 생각이 지나치면 교만해집니다. 사람은 하늘이 정한 운명인 '천운'이 있기 마련입니다. 겸손한 마음으로 매사 최선을 다하면서 살아가길 바랍니다.

예문 · 사람의 운명은 천운에 달려 있다.

어 휘 력 뿜 뿜 　비슷한 말 · 운명, 운수

관련
사자성어

上天下地 상천하지

위에 있는 하늘과 아래에 있는 땅이라는 뜻으로 온 천지를 이르는 말.

10일

村

마을 촌

오늘의 낱말

村落
촌   락

여러 집이 모여 사는 곳

여러 집이 모여 사는 곳을 일러 촌락이라 합니다. 촌락에는 대표적으로 농촌, 어촌, 산촌, 도시 등이 있습니다. 내가 살고 싶은 촌락은 어디인가요? 어디 사는 것보다 누구와 사느냐가 더 중요하답니다.

예문 • 내가 자란 곳은 집이 몇 채 안 되는 가난한 촌락이었다.

어 휘 력 뿜 뿜   비슷한 말 • 부락, 마을, 동리

**관련
단어**   **村落共同體 촌락공동체**

촌락을 구성하는 주민이 생활상의 필요에 의해 형성하게 된 지역 사회단체.

1월

21일

地

땅 지

오늘의 낱말

地表
지　　표

지구의 표면 또는 땅의 겉면

지표는 크게 바다와 육지로 나뉩니다. 지표는 바다가 70% 이상을 차지하고 나머지 30%가 육지입니다. 육지 중에서 북극과 남극, 사막을 빼면 인간이 살 수 있는 곳은 극히 제한적입니다.

예문 · **땅속에 있던 마그마가 지표를 뚫고 솟아올랐다.**

- -

어 휘 력 뿜 뿜

비슷한 말 · **땅거죽, 지표면**
동음이의어 · **지표(指標)** – 방향이나 목적, 기준 따위를 나타내는 표지

**관련
사자성어**

易地思之 역지사지
처지를 바꾸어 생각한다는 뜻으로 입장을 바꾸어 상대의 처지를 생각해 봄.

9일

通

통할 통

오늘의 낱말

通讀
통 독

책을 처음부터 끝까지 훑어 읽음

어떤 책을 읽기 시작하면 중간에 포기하지 말고 되도록 끝까지 통독하기 바랍니다. 자신이 관심 없던 분야도 통독하다 보면 배경지식이 늘고 그 분야에 대한 관심이 생기기도 합니다.

예문 · 나는 1년에 한 번씩은 성경 통독을 한다.

어 휘 력 뿜 뿜 | 비슷한 말 · 내리읽기, 통찰

관련 사자성어

四通八達 사통팔달
도로망, 교통망, 통신망 따위가 이리저리 사방으로 통함.

内

안 내

오늘의 낱말

内外

내 외

<u>안과 밖을 아울러 이르는 말. 수량을 나타내는 말 뒤에 쓰여 약간 넘거나 덜함을 나타냄</u>

어떤 친구들은 집 안에서와 집 밖에서의 모습이 많이 다르기도 합니다. 나는 어떤가요? 장소에 관계없이 한결같은 사람이 되었으면 합니다.

예문 · 경기장 내외를 관중들이 가득 메웠다.

···

어 휘 력 뿜 뿜   비슷한 말 · 안팎, 남짓, 정도

관련
사자성어

内剛外柔 내강외유

속은 단단하지만 겉은 부드럽고 순함.

8일

思

생각할 사

오늘의 낱말

思索
사　색

어떤 것에 대해 깊이 생각하고 이치를 따짐.

여러분은 사색하는 것을 좋아하나요? 사람은 '생각하는 갈대'라고 하지만 사색을 잘 하지 않습니다. 명심하세요. 스스로 사색하지 않으면 남의 생각대로 살아가야 합니다. 책을 읽으면 사색하게 됩니다.

예문 · 스스로 사색하지 않으면 남의 생각대로 살아가야 한다.

어 휘 력 뿜 뿜　비슷한 말 · 생각, 숙고, 사려

관련 사자소학

疑思必問 憤思必難 의사필문 분사필난

의문이 들 때는 반드시 묻고, 분이 날 때는 이후의 어려움을 생각하라.

1월

23일

外

바깥 외

오늘의 낱말

外 面
외 면

마주치기를 꺼리어 피하거나 얼굴을 돌림

살다 보면 외면하고픈 사람이나 상황이 생기기 마련입니다. 이럴 때 어떻게 하나요? 외면할 수 있다면 외면하는 것이 좋습니다. 하지만 외면할 수 없다면 정면으로 맞서세요. 생각보다 어렵지 않습니다.

예문 · 사람들에게 외면당하는 것을 너무 무서워하지 말라.

어 휘 력 뿜 뿜 비슷한 말 · 기피, 무시, 회피 반대말 · 직시

관련 사자성어 **外柔內剛 외유내강**
겉으로 보기에는 부드러우나 속은 꿋꿋하고 강함.

7일

式
법식

오늘의 낱말

儀 式
의   식

어떤 행사를 치르는 격식

학교에서 개학식, 방학식, 기념식 등 다양한 의식을 경험해 봤을 것입니다. 의식은 의미를 잘 모르면 딱딱하고 지겹게만 느껴집니다. 사소한 것도 의미가 부여되면 세상에서 가장 소중한 것이 됩니다.

예문 • 교회에서 진행된 결혼 의식은 엄숙하게 진행되었다.

어 휘 력 뿜 뿜

비슷한 말 • 행사, 의전, 예식, 의례
동음이의어 • 의식(意識) – 깨어 있는 상태에서 자신에 대해 인식하는 것.

관련 사자성어

各樣各式 각양각식
여러 가지 모양과 형식이란 뜻으로 각양각색(各樣各色)과 같은 의미로 쓰임.

1월

24일

利

이로울 이

오늘의 낱말

利益
이   익

물질적으로나 정신적으로 보탬이 되는 것

자기만 아는 것을 '이기적'이라고 합니다. 이기적인 사람을 우리는 매우 싫어합니다. 친구를 잘 사귀려면 내 이익만 앞세우면 안 됩니다. 조금 손해 본다는 기분으로 친구를 사귀면 좋습니다.

예문 • 장사가 잘되어 이익을 많이 보게 되었다.

어 휘 력 뿜 뿜

비슷한 말 • 이득, 이윤, 보탬, 수익

**관련
사자성어**

漁父之利 어부지리
어부의 이익이라는 뜻으로, 둘이 다투는 틈에 엉뚱한 다른 사람이 이익을 본다는 말.

6일

例

법식 례

오늘의 낱말

前 例
전   례

전부터 있던 사례

올해가 점점 끝나갑니다. 올해 어떠셨나요? 전례가 없을 정도로 멋진 해였나요? 아니면 전례가 없을 정도로 끔찍한 해였나요? 잘 마무리하고 내년은 전례가 없던 멋진 해로 만들어 보길 바랍니다.

예문 · 이사를 가서 전례대로 이웃집에 떡을 돌리며 인사를 했다.

어 휘 력 뿜 뿜　비슷한 말 · 선례, 관례, 관행　관용 표현 · 전례가 없다

관련 사자성어　**次例次例 차례차례**
차례에 따라 순서 있게 일을 처리하는 모양.

1월

25일

名

이름 명

오늘의 낱말

名聲
명 성

세상에 널리 퍼져 평판 높은 이름

사람들은 유명한 것을 부러워하고 유명한 사람이 되기 위해 노력합니다. 여러분은 어떤 부분에서 명성을 떨치고 싶나요? 최선을 다하다 보면 명성은 자연스럽게 따라오기 마련입니다.

예문 · 우리 아빠는 과학자로 명성이 자자하다.

어 휘 력 뿜 뿜   비슷한 말 · 이름, 명망, 명예   관용 표현 · 명성을 날리다

관련 사자성어   **名不虛傳 명불허전**
명성이 헛되이 퍼진 것이 아니라는 뜻으로, 이름날 만한 까닭이 있음을 이르는 말.

12월

5일

景

볕 경

오늘의 낱말

景 觀
경　　관

산이나 들 강, 바다 따위의 자연이나 지역의 풍경

가족들과 경관이 빼어난 곳에 여행을 가면 "와"라는 말이 절로 나오곤 합니다. 내가 본 경관 중에 가장 멋진 곳은 어디였나요? 내가 있는 곳이 나로 인해 아름다운 경관이 되었으면 좋겠습니다.

예문 · 금강산은 경관이 빼어난 산으로 유명하다.

비슷한 말 · 경치, 풍경, 전망, 산수

관련
단어

關東八景 관동팔경
강원도 동해안의 빼어난 여덟 명승지로 간성의 청간정, 강릉의 경포대, 고성 삼일포, 삼척의 죽서루, 양양의 낙산사 등을 말함.

26일

習

익힐 습

오늘의 낱말

學 習
학   습

배워서 익힘

새가 날 수 있을 때까지 스스로 날갯짓을 연습한다는 의미를 담고 있습니다. 중간에 힘들다고 날갯짓을 포기하면 그 새는 영원히 날 수 없습니다. 학습도 마찬가지 아닐까요?

예문 · 그냥 듣는 것보다는 몸으로 직접 해 보면 학습 효과가 높다.

어 휘 력 뿜 뿜   비슷한 말 · 습득, 수업, 공부 반대말 · 교수

관련 사자성어   **自學自習 자학자습**
남의 가르침 없이 자기 스스로 학습함.

4일

그림 도

오늘의 낱말

圖畫紙
도 화 지

그림을 그리는 데 쓰는 종이

인생은 도화지에 그림을 그리는 과정과 비슷합니다. 나만의 그림을 그려 가는 것이죠. 내 인생의 도화지에 무슨 그림을 그리고 싶나요? 지금 그리는 그림은 아름다운 그림인가요?

예문 · **친구들이 물감으로 도화지에 그림을 그렸다.**

어 휘 력 뿜 뿜 비슷한 말 · 화선지 관용 표현 · 색 도화지

관련 사자성어 **各自圖生 각자도생**
제각기 살아갈 방법을 꾀함.

1월

27일

눈 설

오늘의 낱말

大雪
대   설

아주 많이 오는 눈

대설이 내리면 대중교통이 끊기기도 하고 지붕이 무너지기도 하고 나뭇가지가 부러지기도 합니다. 솜털 같은 눈송이도 모이면 엄청난 위력을 발휘합니다. 눈송이 같은 오늘이 모여 인생이 됩니다.

예문 · 뉴스에서 대설주의보가 발령되었다는 소식을 들었다.

어 휘 력 뿜 뿜   비슷한 말 · 폭설, 소나기눈, 장설

관련 사자성어   **雪上加霜 설상가상**
눈 위에 더해서 또 서리가 내린다는 뜻으로, 어려운 일이 겹쳐 일어난 것을 말함.

3일

公

공평할 공

오늘의 낱말

公平
공   평

어느 한쪽으로 치우침 없이 고름

아이들이 가장 싫어하는 선생님은 편애하는 선생님이고 좋아하는 선생님은 공평한 선생님이더군요. 여러분은 남을 공평하게 대하고 있나요? 공평하게 대하는 것은 여간 어렵지 않습니다.

예문 • 엄마는 나와 동생을 대할 때 공평하게 대한다.

어휘력 뿜뿜   비슷한 말 • 평등, 공정, 엄정   반대말 • 차별, 불공평

관련
사자성어   **公明正大 공명정대**
하는 일이나 태도가 사사로움이나 그릇됨이 없이 아주 정당하고 떳떳함.

1월

28일

答
대답 답

오늘의 낱말

對 答
대   답

부르는 말에 응하여 어떤 말을 함

여러분은 부모님이나 선생님이 부를 때 대답을 얼마나 잘하나요?
설마 제대로 대답하지 않는 건 아닌가요? 대답만 잘해도 칭찬받
을 수 있습니다.

예문 · 엄마가 묻는 말에 나는 일절 대답하지 않았다.

어휘력 뿜뿜

비슷한 말 · 응답, 답변, 해답   반대말 · 물음
관용 표현 · 말대답하다

관련
사자성어

自問自答 자문자답
자기가 묻고 자기가 대답한다는 뜻으로, 마음속으로 대화함을 이르는 말.

12월

2일

各

각각 각

오늘의 낱말

各自
각 자

각각의 자신

"엄마가 그래래요." 어떤 일에 대한 책임을 엄마에게 돌리는 친구들이 있습니다. 매우 무책임한 행동입니다. 자기 인생은 각자의 책임이고 몫입니다.

예문 · **각자가 맡은 일에 최선을 다해야 한다.**

어 휘 력 뿜 뿜

비슷한 말 · **제각각, 저마다, 각기, 각각, 제각기**
반대말 · **모두**

관련 사자성어

各樣各色 각양각색
서로 다른 각각의 모양과 빛깔.

29일

面

얼굴 면

오늘의 낱말

面前
면   전

얼굴을 마주 댄 코앞

우리는 보통 상대에 대한 칭찬은 면전에서 하고, 상대에 대한 뒷담화는 보이지 않는 곳에서 합니다. 혹시 내 면전에서 나를 욕하는 사람이 있다면 그 사람에게 어떻게 해야 할까요?

예문 • 그 친구는 내 면전에 대고 욕을 했다.

> **어휘력 뿜뿜**   비슷한 말 • 눈앞, 코앞, 앞

**관련
속담**

웃는 낯에 침 못 뱉는다.

웃는 낯으로 대하는 사람에게는 침을 뱉을 수 없다는 뜻으로, 좋게 대하는 사람에게 나쁘게 대할 수 없다는 뜻.

1일

十二

열십, 둘이

오늘의 낱말

十二月
십 이 월

한 해 열두 달 가운데 열두째 마지막 달

정말 숨 가쁘게 달려오다 보니 어느새 올해의 마지막 달 십이월이네요. 십이월이 지나면 나이도 한 살 더 먹게 됩니다. 이제 한 달밖에 남지 않았기에 하루하루 더 최선을 다하면서 살아 봐요.

예문 · 올해의 마지막 달인 십이월이 시작되었다.

──────────────────────────────

어 휘 력 뿜 뿜   비슷한 말 · 섣달

관련
성어   **十二月令歌 십이월령가**
조선 시대의 가사로 남녀 사이의 정을 월별로 읊은 노래.

30일

발 족

오늘의 낱말

滿足

만 족

모자람 없이 충분하고 넉넉하여 흡족함

불평불만이 가득한 사람은 만족을 모릅니다. 아무리 많이 가져도 만족할 줄 모릅니다. 자신이 가진 것에 만족할 줄 아는 사람이 진짜 부자이고 행복한 사람입니다. 만족이 없는 곳이 바로 지옥입니다.

예문 • 이번 시험에서 100점은 못 받았지만 결과에 만족한다.

어 휘 력 뿜 뿜   비슷한 말 · 자족, 충족, 흡족   반대말 · 불만족

관련 사자성어   **安分知足** 안분지족
편한 마음으로 자기 분수를 지키며 만족할 줄 앎.

十二月

12월

31일

書
쓸 서

오늘의 낱말

書冊
서 책

<u>오늘날 책을 일컫는 옛말</u>

교과서만 봐도 그 친구가 공부를 잘하는지 못하는지 알 수 있습니다. 서책을 함부로 대하지 마세요. 자신이 공부하는 서책에 낙서하거나 찢지 마세요. 이는 학생의 기본 태도입니다.

예문 · 친구 집에는 오래된 서책들이 책장에 꽂혀 있었다.

어휘력 뿜뿜   비슷한 말 · 서적, 도서, 책

관련
사자소학   **書冊狼藉 每必整頓** 서책낭자 매필정돈
책이 함부로 널려 있거든 반드시 정리 정돈을 하라.

30일

急

급할 급

오늘의 낱말

急行
급   행

급히 감. 운행 속도가 매우 빠른 열차

올해가 이제 십이월 한 달밖에 남지 않아 마음이 급해지네요. 인생이란 급행열차처럼 순식간에 지나갑니다. 기다려 주지 않습니다. 내가 기다렸다가 타지 않으면 탈 수 없는 것이 인생 급행열차입니다.

예문 · 급행열차를 눈앞에서 놓치고 말았다.

어휘력 뿜뿜 비슷한 말 · 속행, 급행열차 반대말 · 완행, 서행

관련 속담

급하다고 바늘허리에 실 매어 쓸까?

급하다고 서두르면 오히려 일을 그르칠 수 있으니 급할수록 신중해야 함을 이르는 말.

2월

29일

發

쏠 발

오늘의 낱말

發想
발 상

어떤 생각을 해냄

어떤 생각을 해내는 것을 발상이라 합니다. 케케묵은 발상을 할 수도 있고, 신선한 발상을 할 수도 있습니다. 항상 습관대로 생각한다면 발상의 전환이 필요합니다.

예문 · 산책은 신선한 발상에 도움이 된다.

어 휘 력 뿜 뿜   비슷한 말 · 생각, 착상, 아이디어   관용 표현 · 발상의 전환

관련 사자성어

怒發大發 노발대발
매우 화가 나 펄펄 뛰며 성을 냄.

2월

二

두 이

오늘의 낱말

二月

이   월

<u>한 해 열두 달 가운데 둘째 달</u>

새해가 된 지 엊그제 같은데 벌써 한 달이 훌쩍 지나고 이월이 되었네요. 새해 다짐을 다시 한번 확인해 보세요. 학년 마무리 잘하고 새로운 학년을 잘 준비하길 바랍니다.

예문 • **어느새 일월이 훌쩍 지나고 이월이 왔다.**

 어 휘 력 뿜 뿜   동음이의어 • 이월 - 옮기어 넘기다, 이월 상품

관련
속담

이월에 김칫독 터진다.
이월 추위가 만만치 않음을 비유적으로 이르는 말.

28일

消

사라질 소

오늘의 낱말

消去
소   거

글자나 그림 따위를 지워 없앰

무엇인가를 지워 없애는 것을 소거라고 합니다. 하루를 살다 보면 어떤 순간이나 부분은 소거시키고 싶은 생각이 들곤 합니다. 하지만 인생에는 소거 기능이 없습니다.

예문 • 컴퓨터에 있는 개인 정보를 모두 소거시켜야 한다.

─────────────────────

어휘력 뿜뿜 | 비슷한 말 • 제거, 삭제, 리셋

관련 사자성어 | **消息不通** 소식불통
소식의 왕래가 없어 전혀 모름을 이르는 말.

2일

有

있을 유

오늘의 낱말

有事時
유 사 시

뜻밖의 아주 급한 일이 생겼을 때

우리가 살다 보면 '유사시'에 맞닥뜨리게 됩니다. 예외는 한 명도 없습니다. 따지고 보면 우리에게 다가오는 미래는 모두 유사시와 비슷합니다. 어떻게 사는 것이 유사시에 대비하는 삶일까요?

예문 • 학교에서 유사시 상황에 대비하여 대피 훈련을 실시했다.

어 휘 력 뿜뿜

비슷한 말 • **비상시** 반대말 • **평상시**
관용 표현 • **유사시에 대비하다**

관련
사자성어

有口無言 유구무언
입은 있으나 할 말이 없다.

27일

運

옮길 운

오늘의 낱말

運命
운   명

__인간을 포함한 모든 것을 지배하는 초인간적인 힘__

사람이 살다 보면 운명처럼 느껴지는 일을 만나곤 합니다. 운명적인 만남을 하기고 하고, 운명적인 사랑에 빠지기도 합니다. 운명과 같은 일을 만난다면 어떻게 해야 할까요?

예문 · 그 친구와의 만남은 내 운명이었던 것 같다.

어휘력 뿜뿜

비슷한 말 · 팔자, 운수, 생사   동음이의어 · 운명(殞命) - 사람 목숨이 끊어짐, 죽음.   관용 표현 · 운명에 맡기다

관련 속담

제 팔자 개 못 준다.

타고난 운명은 버릴 수 없다는 말.

3일

無

없을 무

오늘의 낱말

無 色
무   색

겸연쩍고 부끄럽다

'무색하다'는 말을 쉽게 '쪽팔린다'로 이해해도 무관합니다. 여러분은 어떤 상황에서 무색한가요? 부끄럽게 생각해야 하는 상황이 생기면 무색한 마음이 드는 것은 당연한 것입니다.

예문 • 빙판길에 미끄러진 친구가 무색하여 어쩔 줄 몰라 했다.

어 휘 력 뿜 뿜

비슷한 말 • **부끄럽다, 겸연쩍다, 낯부끄럽다**
반대말 • **당당하다**

관련
사자성어

前無後無 전무후무
전에도 없었고 앞으로도 있을 수 없음.

26일

欲

하고자 할 욕

오늘의 낱말

欲 心
욕   심

어떤 것을 정도에 지나치게 탐내거나 누리고자 하는 마음

"욕심이 사람을 죽인다"라는 속담이 있습니다. 욕심이 지나쳐 사리를 분별하지 못하고 위태로운 일까지 하다가 마침내 죽음에 이른다는 말입니다. 나는 지나친 욕심을 부리는 것이 있나요?

예문 · 대부분의 사람은 돈 욕심과 명예 욕심에 사로잡혀 있다.

어휘력 뿜뿜   비슷한 말 · 탐욕, 탐심, 욕정, 야욕 반대말 · 담백

관련 사자소학	**己所不欲 勿施於人** 기소불욕 물시어인
	자기가 원하지 않는 바를 남에게 시키지 말라.

2월

春

봄 춘

오늘의 낱말

立 春

입 　 춘

24절기 중 첫 번째 절기로 봄이 시작하는 절기

오늘은 봄이 시작한다는 입춘입니다. 아직 많이 춥지만 조금만 참아 보세요. 이제 곧 새싹이 돋고 꽃이 피는 봄입니다. 생각만 해도 행복해지는 계절이 바로 봄입니다.

예문 · 입춘이긴 하지만 꽃샘추위가 매섭다.

어 휘 력 뿜 뿜 　 관용 표현 · 입춘 추위는 꿔다 해도 한다 - 입춘 추위는 빌려서라도 올 정도로 꼭 온다는 뜻

관련 사자성어 　 **立春大吉 입춘대길**

입춘을 맞이하여 복을 기원하며 대문이나 기둥 등에 써 붙인 글귀.

25일

永

길 영

오늘의 낱말

永遠
영 원

어떤 상태가 끝없이 이어짐

어떤 사람은 '영원'을 믿기도 하고 어떤 사람은 '영원'을 믿지 않습니다. 어떤 것을 믿고 사느냐에 따라 삶의 태도와 모습은 다를 수밖에 없습니다. 나는 영원을 믿는 사람인가요? 아닌가요?

예문 · 신랑과 신부는 영원히 사랑할 것을 맹세했다.

어휘력 뿜뿜 비슷한 말 · 영구, 불후, 무한 반대말 · 찰나, 순간

관련 사자성어

永永無窮 영영무궁

영원히 끝이 없음.

5일

萬

일만 만

오늘의 낱말

萬歲
만 세

두 손을 높이 들면서 외치는 말에 따라 행하는 동작

만세라는 단어를 떠올리면 '대한 독립 만세'가 떠오릅니다. 우리 선조들이 그렇게도 지키고 싶어 했고 독립하길 원했던 우리나라를 다시는 다른 나라에 빼앗겨서는 안 되겠습니다.

예문 · 유관순 열사는 무리의 맨 앞에서 "대한 독립 만세"를 외쳤다.

어 휘 력 뿜 뿜

비슷한 말 · 만만세　동음이의어 · 만세(萬世) - 아주 오랜 세월
관용 표현 · 만세 삼창

관련 사자성어

萬世千秋 만세천추
아주 오랜 세월이라는 뜻으로 오래오래 살기를 비는 말로 많이 사용됨.

24일

民

백성 민

오늘의 낱말

民生
민   생

일반 국민의 생활 또는 생계

뉴스를 듣다 보면 '민생을 챙긴다'라는 말을 많이 듣게 됩니다. 대통령이나 국회의원 같은 정치인들이 당연히 해야 할 일입니다. 여러분이 높은 자리에 가면 꼭 민생을 챙기는 사람이 되세요.

예문 · 국회의원이라면 마땅히 민생을 챙겨야 한다.

어 휘 력 뿜 뿜 　비슷한 말 · 생민, 국민경제

관련 사자성어 　**白衣民族 백의민족**
예로부터 흰옷을 좋아하여 즐겨 입은 우리 한민족을 이르는 말.

6일

晝

낮 주

晝 夜
주   야

밤과 낮을 아울러 이르는 말

혹시 주야를 가리지 않고 열심히 하는 일이 있나요? 주야로 쉬지 않고 하고 싶은 것이 있다면 그것이 나에게 이로운 것인지 해로운 것인지 따져 보세요. 만약 이로운 것이라면 계속 열심히 하길 바랍니다.

예문 • 내 친구는 주야로 쉬지 않고 공부한다.

비슷한 말 • **밤낮, 일야(日夜)**

관련 사자성어

不撤晝夜 불철주야
밤낮을 가리지 않는다는 뜻으로, 조금도 쉴 틈이 없이 힘씀을 이르는 말.

23일

苦

쓸 고

오늘의 낱말

苦生
고   생

어렵고 괴로운 일을 겪거나 그런 생활

어떤 의미 있는 일을 이루기 위해서는 고생을 많이 하게 됩니다. 병아리가 알에서 깨는 과정을 보세요. 고통스럽다고 알에서 나오는 것을 포기한다면 안타깝게도 병아리는 더 이상 못 일어납니다.

예문 • 내 꿈을 이루기까지 갖은 고생을 했지만 마침내 이루었다.

어 휘 력 뿜 뿜   비슷한 말 • 고난, 곤경, 곤란, 노고, 고초

관련 속담   **고생 끝에 낙이 온다.**
어려운 일이나 고된 일을 겪은 뒤에는 반드시 좋은 일이 생긴다는 말.

7일

夜

밤 야

오늘의 낱말

夜食

야 식

저녁밥을 먹고 난 뒤 밤중에 먹는 음식

저녁 먹고 몇 시간이 지난 후 조금 출출할 때 먹는 야식만큼 맛있는 음식이 또 있을까 싶습니다. 하지만 야식이 몸에는 좋지 않다는 걸 알고 있죠? 건강을 위해서는 절제가 꼭 필요합니다.

예문 • 간밤에 야식으로 치킨을 먹었더니 속이 더부룩하다.

어 휘 력 뿜 뿜 비슷한 말 • **밤참, 야참, 밤밥**

관련 속담 낮말은 새가 듣고 밤말은 쥐가 듣는다.
말은 언제나 새어 나가기 마련이니 늘 말을 조심하라는 뜻.

11월

22일

實
열매 실

오늘의 낱말

信實
신   실

믿음직하고 착실함

믿음직하고 착실한 것을 신실하다고 합니다. 누군가가 나에게 "너는 참 신실하다"라고 말한다면 큰 칭찬이라 생각합니다. 믿을 만한 사람, 즉 신실한 사람을 찾기가 어렵습니다. 나는 신실한 사람인가요?

예문 • 나는 신실하고 정직한 사람이 되고 싶다.

어 휘 력 뿜 뿜   비슷한 말 • 믿음직함. 착실함

관련
사자소학   **行必正直 言則信實** 행필정직 언즉신실
행동은 반드시 정직해야 하며 말은 반드시 신실해야 한다.

8일

自

스스로 자

오늘의 낱말

自 然
자   연

사람의 힘이 더해지지 않고 존재하는 주변 환경을 이르는 말

사람은 자연 속에 있을 때 평안함을 느끼고 쉼을 얻을 수 있습니다. 공부한다고 책상에만 앉아 있지 말고 가끔 자연에서 산책을 해보세요. 복잡하던 생각이 단순해지고 심신이 평안해집니다.

예문 · 머리가 복잡할 때마다 자연으로 들어가 산책을 한다.

어 휘 력 뿜 뿜

비슷한 말 · 산천, 산수, 대자연   반대말 · 인공
관용 표현 · 자연스럽다 - 억지로 꾸미지 않고 이상함이 없다

관련
사자성어

自畵自讚 자화자찬

자기가 그린 그림을 자기 스스로 칭찬한다는 뜻으로 자기 스스로 자랑을 늘어놓는 것을 말함.

21일

旗

깃발 기

오늘의 낱말

旗 手
기　수

행사 때 대열의 앞에 서서 기를 드는 일을 맡은 사람

군대에서 기수는 무기 대신 깃발을 들고 다닙니다. 아무것도 아닌 것 같고 중요하지도 않은 사람같지만 실상은 가장 중요한 사람 중 하나입니다. 보잘것없어 보이는 것이 실상은 중요할 때도 많습니다.

예문 · 우리 선수단은 기수를 앞세우고 늠름하게 입장했다.

어휘력 뿜뿜

비슷한 말 · 선봉, 앞장, 기잡이
동음이의어 · 기수(騎手) - 경마에서 말을 타는 사람.

관련 성어

太極旗 태극기
우리나라 국기로 흰 바탕의 한가운데 양과 음을 상징하는 태극 무늬와 사방 네 귀에는 사괘가 그려져 있음.

子

아들 자

오늘의 낱말

子女
자 녀

아들과 딸을 아울러 부르는 말

나는 우리 부모님께 어떤 자녀인가요? 자랑스러운 자녀인가요? 아니면 부끄러운 자녀인가요? 부모님께 자랑스러운 자녀라면 아마도 잘 살고 있는 인생일 것입니다.

예문 · 할아버지는 슬하에 자녀를 여섯 명이나 두었다.

어 휘 력 뿜 뿜   비슷한 말 · 아들딸, 자식

관련
사자성어   **子子孫孫** 자자손손
대대로 이어지는 여러 대의 자손.

色

빛 색

오늘의 낱말

色 彩
색 채

빛깔

어떤 색깔을 좋아하나요? 시원한 파란색, 정열적인 빨간색, 따뜻한 노란색 등. 무지개나 오로라를 보면 한 가지 색이 아닌 형형색색이 어우러져 말로 표현할 수 없는 아름다움 색채를 띱니다.

예문 · 고려청자의 푸른빛은 쉽게 흉내 내기 어려운 색채이다.

어휘력 뿜뿜 비슷한 말 · 빛깔, 색깔, 색조 관용 표현 · 색채를 띠다

관련 사자성어

色卽是空 색즉시공

불경 반야심경에 나오는 말로 '보이는 색은 곧 아무것도 아닌 헛것'이라는 뜻으로 눈에 보이는 것은 실재하는 존재가 아니라는 말.

2월

10일

讀

읽을 독

오늘의 낱말

讀 書
독 서

책을 읽음

하루에 독서를 얼마나 하나요? 공부를 잘하고 싶다면 하루에 30분은 독서를 하세요. 학원보다 독서가 훨씬 중요합니다. 독서를 꾸준히 하면 어느새 달라져 있는 자신을 발견할 것입니다.

예문 • 나는 매일 아침 10분 독서로 일과를 시작한다.

어 휘 력 뿜 뿜   비슷한 말 • **책 읽기** 관용 표현 • **독서는 마음의 양식**

관련
사자소학

讀書勤儉 起家之本 독서근검 기가지본
책을 읽고 검소하게 사는 것은 집안을 일으키는 근본이다.

19일

韓

나라 이름 한

오늘의 낱말

한반도와 그 부속 도서를 영토로 하는 민주 공화국

大韓民國
대 한 민 국

'대한민국' 하면 어떤 생각이 떠오르나요? 바로 짝짝짝 짝짝하고 박수를 치고 싶나요? 내가 태어나서 살고 있는 대한민국을 자랑스러운 나라로 만들기 위해 우리 같이 노력해요.

예문·관중들은 "대한민국"을 연호하면서 대표팀을 응원했다.

어 휘 력 뿜 뿜 비슷한 말·대한, 한국, 남한

관련 성어

韓民族 한민족
한반도와 그에 딸린 섬에서 예로부터 살아오면서 한민족어를 사용하는 종족으로 우리 민족을 가리킴.

11일

休

쉴 휴

오늘의 낱말

休息

휴 식

하던 일을 멈추고 잠깐 쉼

공부하는 것도 중요하지만 휴식도 그 이상으로 중요합니다. 휴식을 잘해야 공부도 더 잘할 수 있습니다. 휴식할 때 주로 뭘 하나요? 휴식은 양보다는 질이 중요합니다.

예문 · 공부하다 휴식 삼아 잠깐 컴퓨터 게임을 했다.

어 휘 력 뿜 뿜 · 비슷한 말 · 쉼, 휴게

관련 사자성어
年中無休 연중무휴
한 해 동안 하루도 쉬는 날이 없이 매일 문을 연다는 말.

18일

形

모양 형

오늘의 낱말

圖形

도   형

점, 선, 면 따위가 모여 이루어진 꼴

사각형, 삼각형, 오각형과 같은 다각형이나 원과 같은 것을 일러 도형이라 합니다. 다양한 도형을 여러 개 잘 모으면 아름다운 그림이 되기도 합니다. 나는 어떤 모양의 도형과 가깝나요?

예문 · 수학 시간에 여러 모양의 도형에 대해 배웠다.

어 휘 력 뿜 뿜 비슷한 말 · 모양, 형태, 패턴

관련 사자성어

形形色色 형형색색
모양이나 빛깔이 서로 다른 여러 가지.

2월

校

학교 교

오늘의 낱말

學校

학   교

일정한 목적으로 교사가 학생에게 교육을 실시하는 기관

여러분은 '학교' 하면 어떤 생각이 드나요? 숨이 턱 막히나요? 아니면 새로운 것을 배우고 친구를 사귈 수 있는 좋은 곳이라는 생각이 드나요? 학교를 어떤 곳으로 만들지는 내가 선택하는 것입니다.

예문 · 학교 공부가 끝나자마자 학원에 가야 한다.

어휘력 뿜뿜

비슷한 말 · 배움터, 학당, 학원
관용 표현 · 학교는 구경도 못 했다 - 학교 교육을 전혀 받지 못했다는 말

관련
성어

開校紀念日 개교기념일

학교 생일로 매년 학교가 문을 연 날짜에 맞추어 기념하는 날.

畫
그림 화

오늘의 낱말

畫家
화　가

<u>그림 그리기를 직업으로 하는 사람</u>

화가가 꿈인 친구들이 많습니다. 도화지에 멋진 그림을 쓱쓱 그리는 모습을 보면 정말 멋집니다. 나는 내 인생의 도화지에 어떤 그림을 그려가고 있나요?

예문 · 단원 김홍도는 조선 시대의 대표적인 화가이다.

어휘력 뿜뿜　비슷한 말 · 화백, 도공, 화공

관련 사자성어

自畫自讚 자화자찬

자기가 그린 그림을 자기 스스로 칭찬한다는 의미로 자기가 한 일을 스스로 자랑함을 말함.

13일

訓

가르칠 훈

오늘의 낱말

敎訓
교　　　훈

앞으로의 행동이나 생활에 지침이 될 만한 것을 가르침

선생님이 중요한 이유는 선생님의 가르침을 통해 많은 교훈을 얻을 수 있기 때문입니다. 여러분이 최근에 깨달은 교훈은 무엇인가요? 이 책을 통해서도 많은 교훈을 얻길 바랍니다.

예문 · 이 책에는 교훈이 될 만한 좋은 구절이 많이 담겨 있다.

어휘력 뿜뿜 　비슷한 말 · 가르침, 메시지, 훈화

관련 속담

가르침은 배움이 반이다.

배우는 사람뿐 아니라 가르치는 사람도 함께 공부가 된다는 말.

16일

治

다스릴 치

오늘의 낱말

治國
치   국

나라를 다스림

나라를 다스리는 사람은 누구라고 생각하나요? 대통령인가요? 지극히 작은 일도 무시하지 않고 최선과 정성을 다하는 사람이 나를 다스릴 뿐 아니라 나라도 능히 다스릴 수 있습니다.

예문 • 대통령의 **치국**이나 내가 나를 다스리는 것이나 원리는 같다.

어 휘 력 뿜 뿜

비슷한 말 • 정치, 경국

**관련
사자소학**

修身齊家 治國之本 수신제가 치국지본

자기 몸을 닦고 집 안을 가지런히 하는 것은 나라를 다스리는 근본이다.

14일

高

높을 고

오늘의 낱말

高 尚
고   상

품위나 몸가짐의 수준이 높고 훌륭하다.

'잘생겼다'나 '예쁘다'라는 말은 생김새를 두고 하는 말입니다. 하지만 생김새는 타고나는 면이 큽니다. '고상하다'라는 말은 노력하지 않으면 들을 수 없는 말입니다. '고상한 나'가 되어 보세요.

예문 • 내 친구는 말씨가 고상하고 품위가 있다.

어 휘 력 뿜 뿜

비슷한 말 • 세련되다, 우아하다, 고결하다
반대말 • 저속하다

관련
사자소학

恩高如天 德厚似地 은고여천 덕후사지

은혜는 높기가 하늘과 같으시고, 덕은 두텁기가 땅과 같으시다. 부모님의 은혜를 두고 이르는 말.

15일

現

나타날 현

오늘의 낱말

現象
현   상

관찰할 수 있는 사물의 모양이나 형태

무엇인가 하기 싫을 때 나타나는 현상이 있기 마련입니다. 잠을 자든지 컴퓨터 게임을 한다든지 말입니다. 나는 무엇인가 하기 싫을 때 어떤 현상이 나타나나요? 잠깐 쉬어 보세요.

예문 · 지구온난화 현상이 앞으로 더욱 심각해질 것 같다.

어휘력 뿜뿜 ⟩ 비슷한 말 · 상황, 상태, 양상

관련 성어 ⟩ **奇現象 기현상**
기이하고 별난 현상.

15일

中

가운데 중

中心
중   심

중요하고 기본이 되는 부분

사람은 가장 중요하게 여기는 것을 삶의 중심에 놓기 마련입니다. 삶의 중심에 무엇이 있는지를 보면 그 사람의 수준과 됨됨이를 알 수 있습니다. 여러분의 삶에는 무엇이 중심에 있나요?

예문 · 서울은 우리나라 정치·경제·문화의 중심이다.

어 휘 력 뿜 뿜

비슷한 말 · 중앙, 복판, 한가운데, 핵심
반대말 · 변두리, 주변

관련
사자성어

百發百中 백발백중
백 번 쏘아 백 번 맞는다는 뜻으로 쏘기만 하면 명중한다는 말.

14일

注

물댈 주

오늘의 낱말

注 釋
주 석

낱말이나 문장의 뜻을 쉽게 풀이함

국어 교과서에 어려운 낱말이 나올 경우 본문 아래에 작은 글씨로 낱말을 쉽게 설명해 놓은 것을 보았을 것입니다. 그런 것을 주석 혹은 각주라고 합니다.

예문 • 이 책은 어려운 낱말에는 주석을 달아 읽기가 어렵지 않다.

어휘력 뿜뿜

비슷한 말 • 각주, 해석, 풀이, 뜻풀이
관용 표현 • 주석을 달다

관련 속담

내 논에 물 대기.
자기에게만 이롭도록 일을 하는 경우를 비유적으로 이르는 말.

2월

16일

己

자기 기

오늘의 낱말

自己

자　　　기

그 사람 자신

자기 자신보다 소중한 것은 없습니다. 하지만 자기만 너무 소중히 여기다 보면 남에게 무관심해집니다. 자기가 기쁘면 남도 기쁜 줄 알고, 자기가 배부르면 남의 배고픔을 모를 수 있습니다.

예문 • 우리 아빠는 자기 일에 최선을 다한다.

어 휘 력 뿜 뿜

비슷한 말 • 자신, 나, 자아, 스스로　반대말 • 다른 사람, 타인
관용 표현 • 자기도 모르게

관련 사자소학

己所不欲 勿施於人 기소불욕 물시어인
자기가 원하지 않는 바를 남에게 시키지 말라.

11월

13일

題

표제 제

오늘의 낱말

題 目

제　목

내용을 보이거나 대표하기 위해 붙이는 이름

한 편의 글이나 책의 제목은 마치 가게의 간판과도 같습니다. 멋진 간판을 보면 들어가 보고 싶듯 멋진 제목의 글이나 책은 읽어 보고 싶은 생각이 듭니다. 내 인생의 제목도 한 번 지어 보세요.

예문 · 선생님은 '가족'이라는 제목으로 글을 써 보라고 하셨다.

어 휘 력 뿜 뿜　비슷한 말 · 표제, 주제, 타이틀

관련 사자성어

外題學問 외제학문
여러 가지 책의 제목은 잘 알면서 그 내용은 잘 모름을 이르는 말.

17일

主

주인 주

오늘의 낱말

主 人

주   인

대상이나 물건 따위를 소유한 사람

나는 내 삶의 주인입니다. 하지만 주인이 아닌 종처럼 살아가는 사람이 참 많습니다. 같은 일도 스스로 하면 주인이 되지만, 남이 시켜서 하면 종이 되는 것이 아닐까요?

예문 · 교실에는 주인들이 찾아가지 않은 연필이 수북하다.

───────────────

어 휘 력 뿜 뿜

비슷한 말 · 소유자, 임자
반대말 · 종, 하인

**관련
단어**

民主主義 민주주의
국민이 주인이고 주권이 국민에게 있는 나라.

12일

根

뿌리 근

오늘의 낱말

根源
근   원

사물이 비롯되는 근본이나 원인

나무의 근원은 뿌리라고 할 수 있습니다. 뿌리가 튼튼하지 못한 나무는 절대 잘 자랄 수 없습니다. 나의 근원은 무엇일까요? 부모님이 아닐까요? 부모님과의 관계가 튼튼하고 좋아야 합니다.

예문 · 욕심은 모든 고통의 근원이다.

어휘력 뿜뿜   비슷한 말 · 원천, 시초, 뿌리

관련 속담   **나무도 옮겨 심으면 3년은 뿌리를 앓는다.**
어떤 일을 치르고 난 뒤에 그 뒷수습과 새로운 질서가 이루어지기 위해서는 어려움이 많음을 이르는 말.

18일

輕
가벼울 경

오늘의 낱말

輕重
경 중

가벼움과 무거움 또는 중요함과 중요하지 않음

살다 보면 우리는 선택의 기로에 섭니다. 선택의 순간에 우리는 일의 경중을 따집니다. 자신이 더 중요하다고 생각하는 쪽으로 결정하기 마련입니다. 지혜가 필요한 순간입니다.

예문 • 말을 할 때는 경중을 가려서 해야 한다.

⋯⋯⋯

어 휘 력 뿜 뿜   비슷한 말 • **중경**   관용 표현 • **경중을 가리다, 경중을 따지다**

관련 사자성어

輕擧妄動 경거망동

가볍고 망령되게 행동한다는 뜻으로, 도리나 사정에 맞지 않게 경솔하게 행동함.

11일

野

들 야

오늘의 낱말

野 營
야 영

야외에서 천막이나 텐트 따위를 치고 먹고 잠

가족과 야영을 하는 체험은 좋은 추억으로 남습니다. 야영이 좋은 이유는 아마도 '새로움' 때문일 것입니다. 아마 매일 야영하면서 유목민처럼 살아가라고 한다면 그래도 좋을까요?

예문 · 우리 가족은 숲속에서 야영을 하면서 하룻밤을 보냈다.

어휘력 뿜뿜 비슷한 말 · 캠핑, 들살이

관련 단어

下野 하야
시골로 내려간다는 뜻으로 관직이나 정계에서 물러나 평민으로 돌아감을 이르는 말.

19일

重

무거울 중

所 重
소   중

매우 중요하고 귀하다

사람은 죽는 순간에 자신이 가장 소중히 여겼던 것을 보고 싶어 합니다. 죽는 순간에 자신이 모은 돈을 보면서 죽고 싶어 하는 사람이 있을까요? 여러분에게 가장 소중한 것은 무엇인가요?

예문 · 나는 무엇보다 우리 가족이 제일 소중하다.

어 휘 력 뿜 뿜

비슷한 말 · 중하다, 귀하다, 값지다, 금쪽같다
관용 표현 · 완소 - '완전히 소중하다'를 줄여 이르는 말

관련 성어

男兒一言 重千金 남아일언 중천금

남자의 말 한마디는 무겁기가 천금과 같다는 뜻으로, 말을 쉽게 함부로 하지 말라는 말.

10일

改

고칠 개

오늘의 낱말

改善
개 선

잘못된 것을 더 좋게 고침

사람의 행동 대부분은 습관적입니다. 옳은 행동이든지 그른 행동이든지 관계없이 말입니다. 그른 행동도 개선하고자 의지가 없으면 반복하기 마련입니다. 개선이 필요한 나의 행동은 무엇인가요?

예문 · 관계가 서먹해진 친구와의 관계 개선을 위해 노력하고 있다.

어휘력 뿜뿜

비슷한 말 · 개조, 개량　반대말 · 개악
동음이의어 · 개선(凱旋) - 싸움에서 이기고 돌아옴

관련 사자소학

見善從之 知過必改 견선종지 지과필개
착함을 보면 이를 따르고, 허물을 알면 반드시 고쳐라.

20일

反

되돌릴 반

오늘의 낱말

反 省
반　　성

__자기 언행에 대해 잘못이나 부족함이 없는지 돌이켜 봄__

하루를 살다 보면 잘못한 일과 후회되는 일투성이입니다. 이런 하루를 반성하지 않고 그냥 지나간다면 더 이상 발전은 없습니다. 진심으로 반성하는 사람만이 발전합니다.

예문 · 나는 일기를 쓰면서 하루를 반성하곤 한다.

어 휘 력 뿜 뿜 　　비슷한 말 · 뉘우침, 성찰, 자각, 회개

관련
사자소학
　　父母責之 反省勿怨 부모책지 반성물원
부모님이 꾸짖으시거든 반성하고 원망하지 말라.

9일

紙

종이 지

오늘의 낱말

紙面

지　　면

종이의 겉면

지면에 글을 쓰는 것은 장단점이 있습니다. 말로는 차마 전하지 못하는 것을 글로는 잘 전할 수 있습니다. 또한 복잡하고 정리가 되지 않던 것을 글로 쓰면 깔끔하게 정리가 되기도 합니다.

예문 · 나는 지면이 허락하는 한까지 일기에 내 마음을 쏟아냈다.

어 휘 력 뿜 뿜　비슷한 말 · 표면

**관련
속담**

백지장도 맞들면 낫다.

종이 한 장을 드는 것 같은 쉬운 일도 함께 협력해서 하면 훨씬 더 쉽고 효과적이라는 말.

21일

省

살필 성

自 省
자   성

자기 자신의 태도나 행동을 스스로 반성함

자성은 자기 반성을 줄인말이라 할 수 있습니다. 자기 반성을 할 줄 모르는 사람은 발전이 없습니다. 자기 반성을 하는 사람의 미래는 기대가 됩니다.

예문 • 학생 사이에서 학교 폭력에 대한 자성의 목소리가 높아지고 있다.

어 휘 력 뿜 뿜 | 비슷한 말 • 반성, 자각, 성찰
관용 표현 • 자성의 목소리, 자성을 촉구하다

관련 사자소학 | **父母責之 反省勿怨** 부모책지 반성물원
부모님이 꾸짖으시거든 반성하고 원망하지 말라.

8일

果

실과 과

오늘의 낱말

結果

결   과

열매를 맺음. 어떤 원인으로 결말이 생김

봄에 꽃이 피어야 가을에 열매가 맺히듯 어떤 일의 원인이 있으면 결과가 있기 마련입니다. 내가 지금 하는 일의 결과가 좋지 않다면 원인을 따져 보기 바랍니다. 원인 없는 결과는 없는 법입니다.

예문 · 나는 결과보다는 과정을 중시한다.

어휘력 뿜뿜   비슷한 말 · 결실, 과실, 성과, 결말, 끝   반대말 · 원인

관련 사자성어

因果應報 인과응보

원인과 결과는 서로 물고 물린다는 뜻으로, 좋은 일에는 좋은 결과가, 나쁜 일에는 나쁜 결과가 따른다는 말.

2월

22일

正

바를 정

正直
정   직

사람의 성품이나 마음 따위가 거짓이 없고 바르고 곧음

한 번의 거짓을 막으려면 일곱 번의 거짓말을 더 해야 한다는 말이 있습니다. 거짓은 또 다른 거짓을 부를 뿐입니다. 정직이 최선입니다. 당장은 손해 같아 보일지 모르지만 절대 그렇지 않습니다.

예문 · 나는 정직을 최고의 가치로 여기며 살고 있다.

어 휘 력 뿜 뿜

비슷한 말 · 진실, 솔직, 성실
반대말 · 거짓, 교활

관련
사자소학

行必正直 言則信實 행필정직 언즉신실
행동은 반드시 정직해야 하며 말은 반드시 신실해야 한다.

7일

冬
겨울 동

오늘의 낱말

立 冬
입   동

겨울이 시작되는 절기

아침저녁으로는 많이 쌀쌀해졌습니다. 낮의 길이도 많이 짧아졌습니다. 올겨울 많이 춥겠지만 마음만은 따뜻하게 간직하며 추위를 이겨 내면 좋겠습니다.

예문 · 입동이 되니 날씨가 귀신같이 추워졌다.

어 휘 력 뿜 뿜 관용 표현 · 입동 때 추우면 겨울이 춥다.

관련 사자성어

嚴冬雪寒 엄동설한
눈 내리는 깊은 겨울의 심한 추위를 이르는 말.

23일

字

글자 자

오늘의 낱말

글字
글   자

말을 적는 일정한 체계의 부호

여러분은 글씨를 어떻게 쓰나요? 너무 흘려 써서 무슨 글자인지 못 알아보게 쓰고 있지는 않나요? 글씨는 마음의 거울이라는 말도 있습니다. 정성스럽게 쓴 글자에는 힘이 있는 법입니다.

예문 • 한글은 세계에서 가장 과학적인 글자다.

> **어휘력 뿜뿜**
>
> 비슷한 말 • 글씨, 문자
> 관용 표현 • 글자 그대로 - 과장이나 거짓 없이

관련 사자성어

一字無識 일자무식

한 글자도 읽을 수 없을 정도로 아는 것이 없고 아주 무식함을 이르는 말.

6일

空

빌 공

오늘의 낱말

空虛
공   허

아무것도 없이 텅 빔

살다 보면 어느 순간 모든 것이 공허하게 느껴지는 때가 찾아옵니다. 모든 것이 다 부질없게 느껴지고 그만두고 싶은 생각이 들기도 합니다. 이럴 때 공허감에 너무 빠져들지는 마세요.

예문 · 집에 아무도 없어 공허하게 느껴진다.

어 휘 력 뿜 뿜   비슷한 말 · 허무, 무의미, 허전   반대말 · 충만

관련 성어   **空手來空手去** 공수래공수거
빈손으로 왔다가 빈손으로 간다는 뜻으로, 사람의 일생이 허무함을 이르는 말.

24일

加

더할 가

加 減

가   감

더하거나 빼는 일. 수학에서 덧셈과 뺄셈을 이르는 말

덧셈과 뺄셈 중 어느 것이 더 쉽나요? 아마 대부분 덧셈이 더 쉽다고 말할 겁니다. 뺄셈은 뭔가를 빼내는 것입니다. 뺄셈이 어려운 것은 우리 마음속에 있는 욕심을 빼야 해서 그런 것은 아닐까요?

예문 • 내가 아는 것을 가감 없이 선생님께 말씀드렸다.

어 휘 력 뿜 뿜

비슷한 말 • 조절, 조정, 더덜이
관용 표현 • 가감하다, 가감되다

관련 사자성어

雪上加霜 설상가상

눈 위에 더해서 또 서리가 내린다는 뜻으로, 어려운 일이 겹쳐 일어난 것을 말함.

11월

球

공 구

오늘의 낱말

地球

지   구

우리가 살고 있는 천체

아름다운 지구가 환경 파괴와 지구온난화로 몸살을 앓고 있습니다. 지금처럼 계속 환경을 파괴한다면 지구는 더 이상 견디지 못할 겁니다. 오늘부터 환경을 생각하고 작은 것부터 실천합시다.

예문 · 내가 살고 있는 지구를 아끼고 사랑해야 한다.

어 휘 력 뿜 뿜

비슷한 말 · 대괴
동음이의어 · 지구(地區) – 일정한 기준에 따라 여럿으로 나눈 땅의 한 구획.

관련 사자성어

全力投球 전력투구

야구에서 투수가 타자를 상대로 모든 힘을 기울여 공을 던진다는 의미로 어떤 일에 모든 힘을 다 기울임을 말함.

2월

25일

門

문 문

出入門
출 입 문

오늘의 낱말

사람이 드나드는 문

우리 몸에 출입문이 있다면 아마 입이 아닐까 싶습니다. 입을 통해 많은 것이 들어가기도 하고 나오기도 합니다. 특히 입에서 나오는 말은 조심해야 합니다. 문단속하듯 입단속을 잘하세요.

예문 · 수업 중에 친구 한 명이 출입문을 박차고 들어왔다.

어 휘 력 뿜 뿜   비슷한 말 · 문, 대문, 문호

관련
사자성어

門前成市 문전성시

대문 앞에 시장을 이룬다는 뜻으로, 벼슬아치나 부잣집 앞에 방문객이 많이 늘어섬을 이르는 말.

4일

服

옷 복

오늘의 낱말

着服

착 복

옷을 입음

우리는 매일 집을 나서기 전 착복합니다. 가는 곳과 목적에 따라 옷을 다르게 입습니다. 결혼식에 가면서 장례식 복장을 하고 간다면 어떨까요? 나는 지금 때와 장소에 맞는 복장을 하고 있나요?

예문 · 결혼식에 가기 위해 준비한 화려한 옷으로 착복했다.

어 휘 력 뿜 뿜

비슷한 말 **·** 착용, 착의   반대말 **·** 탈의
동음이의어 **·** 착복 - 남의 것을 빼앗아 자기 것으로 삼음.

**관련
사자소학**

衣服雖惡 與之必着 의복수악 여지필착
의복이 비록 나쁠지라도 의복을 주시면 반드시 입을지니라. 부모님이 주신 옷을
감사하게 입으라는 말.

26일

作

지을 작

作 者
작 자

책이나 문예 작품 따위를 지은 사람

내가 쓰는 일기의 작자는 '나'입니다. 일기를 쓰다 보면 좀 더 나은 사람이 될 수 있고 글도 잘 쓸 수 있습니다. 일기를 쓰면서 멋진 나와 만나 보세요.

예문 • 이 책의 작자는 초등학교 선생님이다.

어 휘 력 뿜 뿜

비슷한 말 • 지은이, 글쓴이, 저자

관련
단어

作者未詳 작자미상
작품의 지은이를 누구인지 모르는 경우를 이르는 말.

3일

說

말씀 설

오늘의 낱말

說明
설   명

어떤 일이나 내용을 상대편이 잘 알 수 있도록 밝혀 말함

어떤 것을 쉽게 설명하려면 어떻게 해야 하나요? 결론을 먼저 말한 다음 덧붙여 말하세요. 그리고 쉬운 예를 듭니다. 내용에 맞는 목소리, 표정, 몸짓도 중요합니다. 모든 것에는 요령이 있습니다.

예문 · 내 친구는 무슨 이야기든지 재미있게 설명을 잘한다.

어휘력 뿜뿜 비슷한 말 · 해설, 소명, 해명, 해석, 서술

관련 사자성어 **甘言利說 감언이설**
달콤한 말과 이로운 말로 남을 꾄다는 말로 남의 말을 조심해서 들으라는 말.

27일

才

재주 재

오늘의 낱말

才能
재　　능

어떤 일을 하는 데 필요한 타고난 재주와 능력

'才(재주 재)'는 싹이 올라오는 모양을 형상화한 글자입니다. 타고난 것이 재능입니다. 타고난 것은 조금만 애써도 좋은 결과를 가져올 수 있습니다. 나에게는 어떤 재능이 있을지 찾아보세요.

예문 • 나는 다른 사람의 마음을 잘 살피는 재능이 있다.

어 휘 력 뿜 뿜

비슷한 말 • 재주, 자질, 소질
관용 표현 • 천부적 재능 - 태어날 때부터 타고난 재능

관련
사자성어

多才多能 다재다능
재주가 많고 능력이 풍부함.

2일

東

동녘 동

오늘의 낱말

東邦
동   방

동쪽에 있는 나라라는 뜻으로 우리나라를 이르는 말

우리나라를 일러 예로부터 '동방예의지국'이라 불렀습니다. 그만큼 예의를 중시하고 지키는 나라로 일컬어졌습니다. 나는 내가 지켜야 하는 예의를 잘 지키는 사람인지 생각해 보세요.

예문 · 우리나라에서는 예의범절을 중요하게 여긴다.

어휘력 뿜뿜 비슷한 말 · 동쪽, 동녘   반대말 · 서방, 서쪽

관련 사자성어

東問西答 동문서답

동쪽을 묻는데 서쪽을 대답한다는 뜻으로, 묻는 말에 대해 전혀 엉뚱한 대답을 하는 것을 뜻함.

2월

28일

童

아이 동

오늘의 낱말

童 心

동 심

어린아이처럼 순수하고 맑은 마음

피터 팬처럼 어른이 되어서도 어린아이의 마음을 잃지 않는다면 세상은 지금보다 아름다울 것입니다. 어린아이의 마음은 순수하고 맑습니다. 혹시 이런 마음을 잃고 있지는 않은지 살펴보세요.

예문 · 오늘 엄마는 모처럼 동심으로 돌아간 듯 아주 즐거워했다.

어 휘 력 뿜 뿜

비슷한 말 · 천진난만함 동음이의어 · 동심(同心) - 같은 마음 또는 한 마음 관용 표현 · 동심의 세계

관련
단어

三尺童子 삼척동자

키가 아직 석 자밖에 자라지 않은 아이라는 뜻으로, 철모르는 어린아이를 이르는 말.

1일

十一

열 십, 하나 일

오늘의 낱말

十一月
십   일   월

한 해 열두 달 가운데 열한째 달

시월은 가을이라 춥지도 덥지도 않았는데 그새 십일월이 되어 아침저녁으로는 쌀쌀합니다. 그러고 보니 올해도 이제 두 달밖에 안 남았네요. 풀렸던 마음을 다시 다잡아 봐야겠습니다.

예문 · 아직 십일월인데 벌써 얼음이 얼었다.

어 휘 력 뿜 뿜   비슷한 말 · 동짓달

**관련
단어**   **十一月革命** 십일월혁명
1917년 11월 러시아에서 노동자(프롤레타리아)들이 일으킨 혁명을 일컬음.

三月

3월

11월

1일

三

석 삼

三月
삼   월

한 해 열두 달 가운데 셋째 달

꽃 피는 삼월이 되었습니다. 눈과 얼음은 스르르 녹아 자취를 감추고 칼바람은 온순해졌습니다. 양지바른 곳에 있노라면 따스한 햇볕에 마음까지 따뜻해집니다.

예문 · 삼월이 시작되면서 꽃망울 터지는 소리가 들린다.

어휘력 뿜뿜   비슷한 말 · 가월, 희월   관용 표현 · 꽃 피는 봄 삼월

관련 사자성어   三三五五 삼삼오오
여기저기 몇몇씩 흩어져 있는 모양을 일컫는 말.

10월

31일

끝 말

오늘의 낱말

末 日

말 일

어떤 시기나 기간의 마지막 날

시월의 말일입니다. 시월 어떻게 보냈나요? 날씨가 정말 좋았는데 시월이 가니 아쉽기만 합니다. 십일월은 시월보다 더 아름답고 행복한 달이 될 거라 기대합니다.

예문 • 말일까지 빌린 돈의 이자를 갚아야 한다.

어 휘 력 뿜 뿜   비슷한 말 • 최종일, 그믐   반대말 • 삭일, 초하룻날

관련 관용구

본말(本末)이 전도되다.

뿌리와 잎사귀가 바뀌었다는 뜻으로, 중요한 것과 중요하지 않은 것이 뒤바뀌거나 초점을 벗어났음을 이르는 말.

2일

學

배울 학

오늘의 낱말

學 年

학　년

1년간 학습 과정의 단위

올해 몇 학년이 되었나요? 오늘 새로운 친구와 선생님을 만나는 첫날입니다. 많이 떨리죠. 좋은 일이 있을 것입니다. 좋은 친구를 사귀고 선생님께 사랑받는 행복한 1년이 되었으면 좋겠네요.

예문 · **나는 올해 삼 학년이 되었다.**

어 휘 력 뿜 뿜

관용 표현 · **학년 초, 학년 말, 학년이 바뀌다**

관련
사자성어

教學相長 교학상장
가르치고 배우며 서로 성장한다.

30일

呼

부를 호

오늘의 낱말

呼名

호　명

이름을 부름

친구를 부를 때 "야" "너"라고 부르지 말고 이름을 불러 주세요. 사람은 이름을 불러 주는 사람에게 호감을 느끼기 마련이고 관계가 돈독해질 수 있습니다. 이름을 부른다는 것은 관심의 표현입니다.

예문・선생님은 학생들을 호명하면서 통지표를 나눠 주셨다.

어휘력 뿜뿜　비슷한 말・칭명　관용 표현・호명하다, 호명되다

관련 사자소학　**父母呼我 唯而趨之 부모호아 유이추진**
부모님이 나를 부르시거든 공손히 대답하고 빨리 나아가야 한다.

3일

非

아닐 비

오늘의 낱말

是非
시 비

옳고 그름을 따지는 말다툼

다툼은 사소한 시비에서 시작되곤 합니다. 서로 옳다고 언성을 높이다 보면, 어느새 화가 나고 싸움이 일어나죠. 가끔은 상대의 말을 인정해 주고 양보하는 것도 현명한 사람의 자세인 것 같습니다.

예문 · 그들은 사소한 시비 끝에 싸움을 벌였다.

어휘력 뿜뿜

비슷한 말 · 잘잘못
관용 표현 · 시비를 걸다

관련 사자소학

非人不忍 不人非忍 비인불인 불인비인

사람이 아니면 참지 못하고, 참지 못하면 사람이 아니다.

29일

寒

찰 한

오늘의 낱말

寒 氣
한 기

추운 기운

날씨가 많이 차가워졌습니다. 이제 난방을 하지 않으면 한기가 느껴져 잠을 푹 잘 수가 없습니다. 사람도 한기가 느껴지는 차가운 사람 곁에 있으면 불편해지고 오래 머물고 싶지 않습니다.

예문 · 늦가을이 되니 제법 한기가 느껴진다.

어휘력 뿜뿜	비슷한 말 · 냉기, 찬기, 추위 반대말 · 온기
	관용 표현 · 한기가 올라오다, 한기가 느껴지다

관련 사자성어

脣亡齒寒 순망치한

입술을 잃으면 이가 시리다는 뜻으로, 한쪽이 망하면 다른 한쪽도 그 영향을 받기 마련이라는 말.

3월

4일

談

말씀 담

오늘의 낱말

雜 談

잡 담

쓸데없이 지껄이는 말

새학년이 되어 아마 공부를 잘하고 싶은 친구들이 많을 것 같습니다. 어떻게 하면 공부를 잘할 수 있을까요? 공부 시간에 잡담하지 말고 수업에 집중해 보세요. 어쩌면 전교 1등을 할지도 몰라요.

예문 · 수업 시간에는 잡담이 금지되어 있다.

어 휘 력 뿜뿜

비슷한 말 · 잡말
관용 표현 · **잡담을 제하다** - 쓸데없이 여러 말을 하거나 묻지 않다.

관련
사자소학

口勿雜談 手勿雜戲 구물잡담 수물잡희
입으로는 잡담하지 말며, 손으로는 장난치지 말라.

10월

28일

惡

악할 악

오늘의 낱말

醜惡
추   악

더럽고 흉악함

아주 더럽고 흉악한 것을 일러 추악하다고 합니다. 인간의 가장 추악한 모습은 어떤 모습이라고 생각하나요? 보통 자신은 혐오스러운 추악한 모습이 없을 거라 생각합니다. 정말 그런가요?

예문 · 뉴스에 나오는 살인자의 얼굴은 추악해 보였다.

어휘력 뿜뿜

비슷한 말 · 흉악, 흉괴 반대말 · 순결
관용 표현 · 추악하다

관련 사자성어

勸善懲惡 권선징악
착한 행실을 권장하고 악한 행실은 징계한다는 뜻으로, 착하게 살 것을 강조한 말.

3월

5일

甘

달 감

오늘의 낱말

甘 言
감   언

남의 비위에 맞도록 듣기 좋게 꾸미는 말

상대방의 비위를 맞추기 위해 꾸며 내는 감언, 항상 이로운 것일까요? '달콤한 말'이라는 뜻을 보면 좋기만 할 것 같지만, 당장의 상황을 무마하기 위한 아부하는 말은 결국 이로움을 주지 못합니다.

예문 · 온갖 감언으로 꾀었지만 그는 결코 동지를 배신하지 않았다.

어 휘 력 뿜 뿜

비슷한 말 · 미언   반대말 · 고언

관련
사자성어

甘言利說 감언이설

달콤한 말과 이로운 말로 남을 꾄다는 말로, 남의 말을 조심해서 들으라는 말.

27일

善

착할 선

오늘의 낱말

善惡
선 악

착한 것과 악한 것을 아울러 이르는 말

세상은 선악의 구분이 모호해져 가고 있습니다. 하지만 이런 것에 속지 마세요. 남들이 다 한다고 악한 것을 따라 하지 마세요. 착하게 사는 것이 바보 같아 보일지 모르지만 결국 착함이 승리합니다.

예문 · 선악의 경계가 모호해져 가는 시대에 살고 있다.

어 휘 력 뿜 뿜 비슷한 말 · 옳고 그름 관용 표현 · 선악을 판단하다

관련 사자성어

善男善女 선남선녀
착한 남자와 착한 여자라는 뜻으로 젊은 남자와 여자를 귀하고 좋게 여겨 이르는 말.

6일

古

옛 고

오늘의 낱말

古典
고　　전

시대를 대표하면서 후세에 전해질 만한 가치를 지닌 작품

수많은 책 가운데 어떤 책을 우선해서 읽어야 하나요? 최근 나온 책보다는 고전을 읽어 보세요. 아주 오래전에 출간되었지만 지금도 읽을 만한 가치가 있는 아주 좋은 책이니까요.

예문 • 이 책은 고전이 되어 시대를 초월해 사람들을 사로잡았다.

　어휘력 뿡뿡　비슷한 말 • **고전문학, 고서, 고서적**

관련 성어　**東西古今 동서고금**
동양과 서양 그리고 옛날과 오늘이라는 뜻으로, '언제나 어디서나'를 뜻함.

26일

動

움직일 동

오늘의 낱말

運動

운　　　동

건강의 유지나 증진을 위해 몸을 움직이는 일

현대인들은 편리한 생활로 인해 운동 부족이 심각해지고 있습니다. 운동이 부족하면 각종 질병에 걸리고 빨리 늙게 됩니다. 건강한 삶을 위해 좋아하는 운동을 한두 가지 꾸준히 하길 바랍니다.

예문 · 나는 매일 10분씩 줄넘기 운동을 꾸준히 하고 있다.

어휘력 뿜뿜　　비슷한 말 · 체육, 스포츠

관련 사자소학

非禮勿言 非禮勿動 비례물언 비례물동
예가 아니면 말하지 말고, 예가 아니면 행동하지 말라.

7일

見

볼 견

오늘의 낱말

見解
견   해

사물의 현상이나 생각에 대한 의견

친구와 나의 의견이 다를 때, 내 견해만이 옳다고 고집을 부린 적은 없나요? 진정 지혜로운 사람은 나의 견해를 자신 있게 말하면서도, 상대방의 견해를 존중할 줄 아는 사람입니다.

예문 · 너와 나는 견해가 다르구나.

어 휘 력 뿜 뿜   비슷한 말 · 생각, 의견

관련
사자소학   **見善從之 知過必改 견선종지 지과필개**
착함을 보면 이를 따르고 허물을 알면 반드시 고쳐라.

10월

25일

充

채울 충

오늘의 낱말

充滿

충 만

한껏 차서 가득함

기쁨이 가득한 사람은 기쁨을 감출 수 없고, 미움이 가득한 사람은 미움을 감출 수 없습니다. 사람은 자신의 마음에 가득한 것을 말로 내뱉고 표정으로 나타냅니다. 내 마음에는 무엇이 충만한가요?

예문 · 내 인생이 기쁨과 행복으로 충만하면 좋겠다.

어휘력 뿜뿜

비슷한 말 · 만족, 양일(洋溢) 반대말 · 공허
관용 표현 · 충만하다

관련 관용구

마음에 가득한 것을 입으로 말한다.

사람은 마음에 가득한 것을 입으로 말하기 때문에 말을 보면 그 사람의 마음을 알 수 있다는 말.

8일

男

사내 남

오늘의 낱말

男 子
남   자

남성으로 태어난 사람, 사내아이

'男'은 田(밭 전)과 力(힘 력)이 결합해서 만들어진 글자입니다. 남자는 예부터 '힘을 써서 밭을 갈고 농사를 짓던 사람'을 의미해 왔습니다. 오늘날의 남자는 어떻게 규정할 수 있을까요?

예문 · 한 젊은 남자가 가게 문을 밀고 들어왔다.

어 휘 력 뿜 뿜

비슷한 말 · 남성, 사내, 장정
반대말 · 여자

관련
사자성어

南男北女 남남북녀

옛날부터 남쪽 지방은 남자가 잘나고 북쪽 지방은 여자가 아름답다는 뜻으로 쓰는 말.

10월

24일

寫

베낄 사

오늘의 낱말

筆寫
필 사

베껴 씀

혹시 책을 필사해 본 적이 있나요? 눈으로 수십 번 반복하며 읽는 것보다 한 번 필사해 보는 것이 효과가 더 좋다고 합니다. 정말 가치 있는 책을 만나면 필사에 도전해 보세요.

예문 • 내가 좋아하는 『어린 왕자』를 필사하기로 작정했다.

어휘력 뿜뿜

비슷한 말 • 베껴 쓰기, 전사, 모사
동음이의어 • 필사(必死) - 죽을힘을 다함

관련 성어

筆寫本 필사본
손으로 베껴 써서 만든 책으로 오래된 것일수록 가치가 높음.

3월

9일

水

물 수

오늘의 낱말

水 泳

수   영

스포츠나 놀이로 물속을 헤엄치는 일

시원한 물속을 가르며 헤엄치는 일은 상상만으로도 즐겁습니다. 여러분도 수영장에 가 본 기억이 있을 것 같은데요. 재미있게 놀 때는 항상 안전을 기억하면서, 즐거운 시간을 보내길 바랍니다.

예문 · **여름을 맞아 가족들과 바다에서 수영을 즐길 것이다.**

 **어 휘 력 뿜 뿜**   비슷한 말 · 헤엄, 유영

관련 사자성어   **樂山樂水** 요산요수
산을 좋아하고 물을 좋아한다는 뜻으로, 자연 경치를 좋아함을 이르는 말.

23일

筆

붓 필

오늘의 낱말

筆 體
필 체

글씨를 써 놓은 모양

나의 필체는 어떤가요? 글씨를 아주 잘 쓰는 달필인가요? 아님 눈 뜨고 보기 힘든 악필인가요? 글씨는 마음의 거울이라고 합니다. 글씨를 쓸 때 정성을 들여 쓰면 좋겠습니다.

예문 · 내 친구는 필체가 예뻐 친구들이 부러워한다.

────────────────────

어 휘 력 뿜 뿜 비슷한 말 · 글씨체, 글씨, 서체 관용 표현 · 필체가 좋다

관련 사자성어 筆問筆笞 필문필답
글로 묻고 글로 답하는 일.

10일

飲

마실 음

오늘의 낱말

飲食
음 식

사람이 먹고 마시는 것을 통틀어 이르는 말

사람이 먹는 것은 공기와 음식입니다. 깨끗한 공기와 건강한 음식을 먹으면 건강하게 살 수 있습니다. 내가 즐겨 먹는 음식 중에 건강을 해치는 것이 있는지 살펴보고 삼가세요.

예문 · 어머니가 만들어 주신 카레는 내가 가장 좋아하는 음식 중하나이다.

어 휘 력 뿜 뿜 | 비슷한 말 · **식품, 먹을거리, 양식**

관련 사자소학	**飲食雖惡 與之必食 음식수악 여지필식**
	비록 음식이 거칠더라도 부모님이 주시면 반드시 먹어야 한다.

22일

史

역사 사

오늘의 낱말

歷 史
역 사

인류 사회의 변천과 흥망의 과정 또는 그 기록

'역사는 반복된다'는 말이 있습니다. 국가나 민족의 역사뿐만 아니라 개인의 역사도 반복됩니다. 며칠 전이나 심지어 어제 저지른 실수를 오늘도 저지르고 있지는 않나요?

예문 • 우리나라는 반만년 유구한 역사를 가진 나라이다.

어휘력 뿜뿜

비슷한 말 • 발자취, 자취, 흐름, 내력
관용 표현 • 역사의 한 페이지를 장식하다

관련 성어

三國史記 삼국사기
고려 인종 23년(1145년) 김부식이 펴낸 역사책으로 고구려, 백제, 신라의 역사를 기록했음.

11일

力

힘 력

오늘의 낱말

努力

노 력

목적을 위해 힘을 다해 애씀

천재는 노력하는 자를 이길 수 없고, 노력하는 자는 즐기는 자를 이길 수 없다고 합니다. 무엇을 하든 즐기는 마음으로 노력하는 사람은 정말 단단한 사람이겠네요.

예문 • 이번 시험을 위해 최선을 다해 노력했다.

어 휘 력 뿜 뿜

비슷한 말 • 애쓰다
관용 표현 • 노력을 기울이다

관련 사자성어

全心全力 전심전력
온 마음과 온 힘을 기울임.

21일

他

다를 타

오늘의 낱말

他人
타 인

다른 사람

인간은 자신이 가장 중요하다고 생각하고 타인을 함부로 대하곤 합니다. 하지만 인간의 행복은 타인과의 관계에서 오기 때문에 타인을 함부로 하면 절대 행복해질 수 없습니다.

예문 · 엄마는 오늘 나를 마치 타인처럼 대했다.

어 휘 력 뿜 뿜 · 비슷한 말 · 타자, 남 반대말 · 본인, 자신

관련 사자성어

他山之石 타산지석

다른 산의 나쁜 돌이라도 자신의 구슬을 가는 데 도움이 된다는 뜻으로, 다른 사람의 하찮은 언행이라도 자신을 수양하는 데 도움이 됨.

12일

同

한가지 동

오늘의 낱말

協同

협   동

서로 마음과 힘을 하나로 합함

'백지장도 맞들면 낫다'라는 말, 들어보았나요? 무엇이든 함께하면 쉽고 좋다는 뜻입니다. 이 속담에서 배울 수 있는 것처럼, 모두가 마음과 힘을 모아 해내는 협동의 힘은 대단합니다.

예문 · 꿀벌은 놀라운 협동의 힘으로 정교한 둥지를 짓는다.

어 휘 력 뿜뿜

비슷한 말 · 단합, 연대, 합심, 협력
반대말 · 분열

관련
사자성어

同苦同樂 동고동락
괴로움도 함께하고 즐거움도 함께한다는 뜻으로, 같이 고생하고 같이 즐긴다는 말.

10월

雨

비 우

오늘의 낱말

雨 傘
우 산

비가 올 때 머리에 받쳐 비를 가리는 물건

비 올 때 작은 우산이라도 하나 있으면 비를 안 맞을 수 있어 얼마나 좋은지 모릅니다. 다른 사람을 가려 주고 받쳐 주는 사람은 우산 같은 사람 아닐까요? 이런 사람이 되고 싶습니다.

예문 · 비 올 때는 우산을 쓰고, 햇빛을 가리기 위해서는 양산을 쓴다.

어휘력 뿜뿜

비슷한 말 · 예술   관용어 · 미술관, 미술사, 현대 미술
옛말 · 슈룹

관련 속담

가랑비에 옷 젖는 줄 모른다.

아무리 사소한 것도 거듭되면 무시할 수 없을 만큼 커진다.

百

일백 백

오늘의 낱말

百獸
백 수

백 가지 짐승이라는 뜻으로 온갖 짐승을 말함

'백수의 왕 사자'라는 말을 흔히 씁니다. 하지만 사자라도 사냥할 때는 죽을힘을 다해 최선을 다합니다. 새끼 사슴 한 마리도 호락호락하지 않습니다. 모든 일을 이처럼 최선을 다하지 않으면 안 됩니다.

예문 · 백수의 왕 사자 중 사냥은 암컷들이 주로 한다.

어 휘 력 뿜 뿜

비슷한 말 · **온갖 짐승** 관용 표현 · **백수의 왕 사자**
동음이의어 · **백수(白壽)** - 아흔아홉 살을 이르는 말.
백수(白手) - 직업이 없는 사람

관련 사자성어

百行之本 백행지본

예부터 효(孝)를 일러 '모든 행동의 근본이 됨'으로 일컬어 옴.

19일

信

믿을 신

信賴

신   뢰

굳게 믿고 의지함

나는 주변 사람들에게 얼마나 신뢰를 주고 있나요? 사람들에게 신뢰받기 위해서는 어떻게 해야 할까요? 가장 확실한 방법은 정직해야 한다는 것입니다. 거짓말하는 사람은 절대 신뢰하지 못합니다.

예문 · 우리 선생님은 아이들에게 신뢰를 받고 있다.

비슷한 말 **· 믿음, 신망, 신용** 반대말 **· 의심**
관용 표현 **· 신뢰를 주다, 신뢰를 받다**

관련 사자소학	**行必正直 言則信實** 행필정직 언즉신실
	행동은 반드시 정직해야 하며 말은 반드시 신실해야 한다.

3월

14일

本

근본 본

 오늘의 낱말

根 本
근   본

사물의 본질이나 본바탕

나무가 좋은 가지와 열매를 내는 데 꼭 필요한 것은 단단한 뿌리입니다. 우리가 보고 듣는 것도 나의 뿌리가 되어 내가 어떤 행동을 하는지를 결정합니다. 나는 좋은 책과 좋은 말에 뿌리를 내리고 있나요?

예문 · 예의 바른 행동과 말씨로 보아 그는 근본은 있는 사람 같다.

 어 휘 력 뿜 뿜   비슷한 말 · 기본, 기초, 바탕

관련
사자소학   **讀書勤儉 起家之本 독서근검 기가지본**
책을 읽고 검소하게 사는 것은 집안을 일으키는 근본이다.

18일

察

살필 찰

오늘의 낱말

省 察

성 찰

자기의 마음을 반성하고 살핌

하루를 보내면서 자신을 들여다보고 살피고 반성하는 시간이 있나요? 성찰의 시간은 낭비하는 시간이 아닙니다. 오히려 성찰의 시간이 없는 사람일수록 시간을 낭비하고 삽니다.

예문 · 깨달음은 끊임없는 자신에 대한 성찰이 있을 때 가능하다.

> **어휘력 뿜뿜**
>
> 비슷한 말 · 반성, 각성, 자각
> 관용 표현 · 자아성찰 - 자기 자신에 대한 생각을 반성하고 살핌.

관련 속담

돌다리도 두들겨 보고 건너라.
아무리 확실한 일이라도 살피고 신중해야 한다는 말.

15일

耳

귀 이

耳順
이   순

귀가 순하다는 뜻으로 예순 살을 일컫는 말

예순 살을 '이순'이라 부릅니다. 귀가 순해진다는 뜻입니다. 뭔가를 듣고 잘 깨닫는다는 의미입니다. 나는 무엇인가를 듣고 얼마나 잘 깨닫고 있나요? 무언가를 깨달았다면 그렇게 살고 있나요?

예문 · 내 나이 이순이 되었을 때 나는 남의 말을 얼마나 잘 들을까?

어 휘 력 뿜 뿜   비슷한 말 · 예순, 육순

관련 사자성어

牛耳讀經 우이독경

쇠귀에 경 읽기란 뜻으로, 어리석은 사람은 아무리 가르치고 일러 주어도 알아듣지 못함을 이루는 말.

17일

觀

볼 관

오늘의 낱말

觀察
관   찰

사물의 현상이나 동태 따위를 주의하여 잘 살핌

우리는 관찰을 눈으로 하는 것이라 생각하기 쉽습니다. 하지만 관찰은 눈뿐만 아니라 코, 입, 귀, 입, 손 등 오감을 동원해서 대상을 살피는 것입니다. 관찰은 호기심과 관심으로부터 시작합니다.

예문 • 과학 시간에 사과를 자세히 관찰하고 결과를 기록했다.

어 휘 력 뿜 뿜   비슷한 말 • 조사, 관측, 주시, 찰관

관련 사자성어

明若觀火 명약관화
불을 보는 것 같이 밝게 보인다는 뜻으로, 더 말할 나위 없이 분명함을 말함.

16일

朝

아침 조

오늘의 낱말

朝食

조 식

아침밥

아침밥은 챙겨 먹고 학교에 가나요? 아침밥을 먹고 등교하는 친구들이 그렇지 않은 친구들보다 공부를 더 잘한다고 합니다. 아침밥을 챙겨 먹고 다니는 습관을 길러 보세요.

예문 · 그 호텔의 조식 뷔페는 정말 맛있다.

어 휘 력 뿜 뿜   비슷한 말 · 아침밥, 조반

관련 사자성어

朝三暮四 조삼모사

아침에 세 개, 저녁에 네 개라는 뜻으로, 당장 눈앞에 드러난 차별만을 알고 그 결과는 같다는 것을 모름을 비유한 고사성어.

16일

貴
귀할 귀

오늘의 낱말

貴重
귀   중

귀하고 중요하다

나는 나를 얼마나 귀중하게 여기나요? 자신을 소중하게 여길 줄 모르는 사람은 다른 사람도 소중하게 여길 줄 모릅니다. 다른 사람을 사랑하기 전에 나 자신부터 제대로 사랑할 줄 알아야 합니다.

예문 • 가족과 같이하는 시간이 무엇보다 값지고 귀중하다.

어 휘 력 뿜 뿜   비슷한 말 • 중요하다, 보배롭다, 소중하다, 값지다
반대말 • 천하다

관련 사자성어

富貴榮華 부귀영화
많은 재산과 높은 지위로 누릴 수 있는 영광스럽고 호사스러운 생활.

17일

夕

저녁 석

오늘의 낱말

夕陽
석   양

저녁때의 햇빛이나 저녁때의 저무는 해

저녁 무렵의 석양은 정말 아름답습니다. 돌아보면 우리 주변에는 석양과 같이 아름다운 자연의 모습이 정말 많습니다. 주변을 돌아보고, 아름다운 자연에 감사하는 마음을 가집시다.

예문 · 석양에 타는 저녁놀을 보노라면 엄마 생각이 난다.

어 휘 력 뿜 뿜   비슷한 말 · 황혼, 저녁나절, 낙조, 해거름

**관련
사자성어**   **朝變夕改 조변석개**
아침에 바꾼 것을 저녁에 또 고친다는 뜻으로, 계획이나 결정 따위를 자주 바꾸는 것을 이르는 말.

15일

身

몸 신

身 體

신 체

사람의 몸

내 신체 중에는 건강한 부분도 있지만 약하고 건강하지 않은 부분도 있기 마련입니다. 나의 신체 중 약한 부분은 어느 곳인가요? 건강한 신체보다는 약한 신체가 나의 삶에 더 큰 영향을 끼칩니다.

예문 · 건강한 신체에 건강한 정신이 깃들기 마련이다.

 어 휘 력 뿜 뿜

비슷한 말 · 육체, 육신, 몸, 몸뚱이

관련 사자소학

修身齊家 治國之本 수신제가 치국지본

자기 몸을 닦고 집 안을 가지런히 하는 것은 나라를 다스리는 근본이다.

18일

始

처음 시

始作
시   작

<u>어떤 일이나 행동의 첫 단계</u>

어떤 일의 첫 발걸음은 그 일 전체에 영향을 끼칠 만큼 중요합니다. 나는 하루를 어떻게 시작하나요? 하루를 시작하는 말이 불평인가요, 감사인가요? 감사하며 시작해 보세요. 하루가 달라집니다.

예문 · 수업 시작을 알리는 종소리가 울렸다.

 어 휘 력 뿜 뿜

비슷한 말 · 출발, 개시, 첫발, 시초
반대말 · 끝, 종말

관련
속담

시작이 반이다.

시작하는 것이 어렵더라도, 일단 시작하면 끝마치는 것은 그리 어렵지 않다는 말.

14일

買

살 매

오늘의 낱말

賣 買

매　**매**

물건을 팔고 사는 일

혹시 물건을 매매해 보았나요? 아마 용돈으로 물건을 사 본 경험은 많지만 팔아 본 경험이 많지는 않을 듯합니다. 누군가 나의 한 시간을 산다면 나는 얼마에 팔 생각인가요?

예문 · 중고 마켓에는 물건을 매매하는 사람들로 넘쳐난다.

어휘력 뿜뿜

비슷한 말 · 거래, 팔고 사기, 매수
관용 표현 · 매매하다, 매매되다

관련 사자성어

買點賈惜 매점매석
물건값이 오를 것을 예상하고, 물건을 몰아서 사들인 후 값이 오른 뒤 팖.

19일

마칠 종

오늘의 낱말

終 了

종　료

어떤 행동이나 일 따위가 끝나거나 끝마침

어떤 일을 시작하는 것만큼 중요한 일은 끝마치는 것입니다. 이 책을 보기 시작한 여러분도, 힘을 내어 끝까지 한자를 공부해 봅시다. '유종의 미'를 기대합니다.

예문 · 경기 종료 1분 전에 우리 팀 선수가 골을 넣었다.

어휘력 뿜뿜

비슷한 말 · 끝, 마무리, 매듭
반대말 · 시작

관련 사자성어

始終一貫 시종일관
처음부터 끝까지 한결같다는 뜻.

13일

賣
팔 매

오늘의 낱말

賣店
매   점

어떤 기관이나 단체 안에서 물건을 파는 작은 상점

초등학교에는 매점이 없지만 중고등학교에는 매점이 있는 학교가 제법 있습니다. 같은 건데도 학교 매점에서 사 먹으면 더 맛있습니다. 왜 그럴까요? 친한 친구와 같이 먹어서 그런 건 아닐까요?

예문 · 친구와 점심시간에 학교 매점에서 만나기로 했다.

어 휘 력 뿜 뿜   비슷한 말 · 가게

관련 사자성어

薄利多賣 박리다매
이익을 적게 보고 많이 팔아 이익을 보는 장사 전략의 하나.

20일

衣

옷 의

오늘의 낱말

衣服
의 복

옷

경찰의 제복, 의사의 수술복, 판사의 법복. 의복은 그 사람이 어떤 사람인지를 알려 주는 역할을 하기도 합니다. 내가 입는 옷이 나를 드러내는 것이지요. 나는 지금 어떤 옷을 입고 있나요?

예문 • 화려하고 사치스러운 의복이라고 다 좋은 것은 아니다.

어휘력 뿜뿜

비슷한 말 • 옷, 옷붙이, 의류
관용 표현 • 의복이 날개다

관련
사자소학

衣服雖惡 與之必着 의복수악 여지필착

의복이 비록 나쁠지라도 의복을 주시면 반드시 입을지니라. 부모님이 주신 옷을 감사하게 입으라는 말.

12일

臣

신하 신

오늘의 낱말

臣下

신   하

임금을 섬기어 벼슬하는 사람

훌륭한 임금 뒤에는 임금을 잘 섬기고 보필하던 신하들이 있기 마련입니다. 임금이 중요하지만 그 임금과 뜻을 같이하여 임금을 돕는 신하도 임금에게는 없어서는 안 될 짝꿍과 같은 사람입니다.

예문 · 임금을 잘 섬기는 것은 신하 된 자의 마땅한 도리다.

어 휘 력 뿜 뿜   비슷한 말 · 신, 신복

관련
사자성어

君臣有義 군신유의
오륜의 하나로 임금과 신하 사이에는 의리가 있어야 함.

21일

花

꽃 화

花煎

화   전

진달래 같은 꽃잎을 붙여 만든 부꾸미

형형색색 예쁜 꽃잎을 먹을 수도 있다는 사실, 알고 있었나요? 꽃잎을 떡에 장식으로 붙이기도 하고, 부침개처럼 화전으로 먹기도 한답니다. 모든 꽃잎을 먹을 수 있는 것은 아니니, 조심하세요!

예문 • 할머니께서 진달래 꽃잎으로 화전을 부쳐 주셨다.

어 휘 력 뿜 뿜

비슷한 말 • 꽃부꾸미, 꽃전, 부꾸미
동음이의어 • 화전(火田) - 산이나 들을 불태워 농사를 짓는 밭

**관련
속담**

십 년 세도 없고, 열흘 붉은 꽃 없다.

십 년 가는 권력(권세) 없고 열흘 붉은 꽃도 없다는 뜻으로, 모든 것은 한때이고 덧없음을 이르는 말.

11일

君

임금 군

오늘의 낱말

君子

군   자

학식이 높고 행실이 어진 사람

학식이 높고 인격이 왕과 같은 사람을 일러 '군자'라고 합니다. 우리는 군자 같은 사람을 좋아하지만 막상 군자 같은 사람이 되려고 노력하지는 않는 듯합니다. 나는 얼마나 군자 같은 사람인가요?

예문 • 소인은 돈을 주고받고 군자는 아름다운 말을 주고받는다.

어휘력 뿜뿜

비슷한 말 • 성현, 현인, 성인, 대인   반대말 • 소인배
관용표현 • 성인군자

관련 사자성어

聖人君子 성인군자
성인과 군자를 아울러 이르는 말로 지식과 인격이 함께 뛰어난 훌륭한 사람.

3월

22일

明

밝을 명

오늘의 낱말

明瞭
명   료

분명하고 또렷하다

수학 문제가 풀리지 않아서 끙끙댄 경험이 있나요? 그러다 어느 순간 풀이가 명료하게 생각나는 경험도 해 보았을지 모르겠습니다. 고민하는 과정은 힘들더라도 그 열매는 달답니다.

예문 · 의견을 말할 때는 주장하는 바를 명료하게 드러내야 한다.

어 휘 력 뿜 뿜   비슷한 말 · 분명하다, 명백하다   반대말 · 모호하다
관용 표현 · 간단명료하다

**관련
사자성어**   **明明白白** 명명백백
의심의 여지가 전혀 없을 만큼 아주 뚜렷함을 일컫는 말.

10일

要

요긴할 요

오늘의 낱말

要 緊
요　　긴

꼭 필요하고 중요하다

살아가면서 꼭 필요한 요긴한 물건은 몇 가지나 될까요? 사실 몇 가지 안 될 겁니다. 하지만 사람들은 수천 가지 물건을 가지고도 더 사려고 합니다. 불행은 여기서부터 시작이 아닐까요?

예문 · 내가 가지고 있는 물건 중 핸드폰은 가장 요긴한 물건이다.

어휘력 뿜뿜

비슷한 말 · 필요하다, 중요하다, 절실하다
반대말 · 무용하다, 필요 없다

관련 사자성어

不要不急 불요불급
필요하지도 않고 급하지도 않다.

23일

世

세상 세

오늘의 낱말

世上
세   상

생명체가 살고 있는 지구나 사람들이 생활하고 있는 사회

'세상은 좁다'라는 말, 들어 보았나요? 우리가 살고 있는 지구는 이렇게나 큰데 세상이 좁다니, 무슨 뜻일까요? 아는 친구를 의외의 장소에서 만났을 때, 마치 세상이 좁은 것처럼 느껴진다는 뜻이랍니다.

예문 • 이 세상에는 얼마나 많은 사람이 살아가고 있을까?

어 휘 력 뿜 뿜

비슷한 말 • 계, 사회
관용 표현 • 세상을 떠나다(뜨다) - '죽다'를 부드럽게 이르는 말

관련
사자성어

世上萬事 세상만사

세상에서 일어나는 모든 일.

10월

9일

必

반드시 필

오늘의 낱말

必須
필 수

꼭 있어야 하거나 하여야 함

혹시 하루를 지내면서 필수로 해야 한다고 생각하는 일이 있나요? 의미 있는 일을 한두 가지 정해서 매일 필수적으로 해 보세요. 몇 년이 지난 후에 대단한 존재가 되어 있을 겁니다.

예문 · 라면을 끓일 때 달걀과 파는 필수로 넣어야 한다.

비슷한 말 · 필요, 불가결
관용 표현 · 필수 조건

관련 사자소학

言思必忠 事思必敬 언사필충 사사필경
말은 반드시 충직하게 할 것을 생각하고, 일은 반드시 공경의 자세로 할 것을 생각함.

24일

王

임금 왕

오늘의 낱말

王

왕

군주 국가에서 나라를 다스리는 우두머리

우리나라에는 왕이 있을까요? 혹시 대통령을 떠올렸나요? 둘은 비슷한 것 같으면서도 다릅니다. 왕은 국민을 다스리는 사람이지만, 대통령은 우리나라를 대표하면서 국민 모두를 위해 일하는 사람입니다.

예문 · 달리기는 우리 반에서 내가 왕이다.

어 휘 력 뿜 뿜 비슷한 말 · 국왕, 군주, 임금

관련 속담

사자 없는 산에 토끼가 왕 노릇을 한다.

뛰어난 사람이 없는 곳에서 하찮은 사람이 잘난 체하며 뽐내는 것을 놀림조로 이르는 말.

10월

8일

整正
가지런할 정

오늘의 낱말

整頓
정 돈

어지럽게 흩어진 것을 정리하여 바로잡고 가지런히 함

"부자가 되고 싶은 사람은 일어나서 이부자리부터 정돈하세요"라는 말을 아나요? 정리 정돈을 잘하는 사람은 머릿속도 정리가 잘되어 공부도 잘한다고 합니다. 정리 정돈은 남에 대한 배려이기도 합니다.

예문 • 내 짝꿍의 책상은 항상 정리 정돈이 잘되어 있다.

어휘력 뿜뿜

비슷한 말 • 갈무리, 정리, 단장, 수습 반대말 • 널부러짐
관용 표현 • 정리 정돈

관련
사자소학

書冊狼藉 每必整頓 서책낭자 매필정돈
책이 함부로 널려 있거든 반드시 정리 정돈을 하라.

3월

25일

下

아래 하

오늘의 낱말

卑下
비 하

가치를 깎아내리며 낮추다

욕설과 비속어를 사용하면 안 되는 이유는 무엇일까요? 그러한 말에는 상대방을 비하하는 뜻이 숨겨져 있습니다. 그 뜻을 알지 못한 채로 무심코 뱉었던 말이 있지는 않았는지 스스로를 돌아봅시다.

예문 · 상대를 비하하는 말은 상처를 준다.

어 휘 력 뿜 뿜

비슷한 말 · 낮추다, 깔보다, 멸시하다, 업신여기다
반대말 · 높이다

**관련
사자성어**

莫上莫下 막상막하
위도 없고 아래도 없다는 뜻으로, 차이가 거의 나지 않음을 이르는 말.

10월

7일

雲

구름 운

오늘의 낱말

雲 集

운　　집

구름처럼 모인다는 뜻, 사람들이 많이 모임을 나타내는 말

고개 들어 하늘을 한 번 보세요. 맑은 파란 하늘에 떠 있는 흰 구름이 보이지 않나요? 가을에만 볼 수 있는 특별한 풍경입니다. 지금 놓치면 안 되는 것들을 붙잡으세요.

예문 · 내가 좋아하는 아이돌 콘서트에 많은 팬이 운집했다.

어휘력 뿜뿜　비슷한 말 · 의집, 모임　관용 표현 · 운집하다

관련 사자성어

望雲之情 망운지정
구름을 바라보며 그리워한다는 뜻으로, 자식이 타지에서 고향에 계신 어버이를 그리는 마음을 말함.

3월

26일

川

내 천

오늘의 낱말

山 川
산 천

산과 내, 또는 그것을 포함한 자연

산이 있는 곳에는 개울이 있기 마련입니다. 근처의 산천으로 등산을 가 본 적이 있나요? 높은 산에 올라가 숨을 크게 들이마시면, 산천의 정기를 다 들이마신 듯하답니다.

예문 · 우리나라의 지역은 산천을 기준으로 나뉜다.

어 휘 력 뿜 뿜   비슷한 말 · 자연, 산천초목, 금수강산

**관련
사자성어**

山川草木 산천초목
산과 내와 풀과 나무라는 뜻으로 자연을 일컫는 말.

10월

6일

葉
이파리 엽

오늘의 낱말

落葉
낙 엽

나뭇잎이 떨어짐

단풍이 한창입니다. 단풍이 든 나뭇잎은 마침내 낙엽이 되어 떨어져 생을 마감합니다. 하지만 그 낙엽은 썩어 식물들의 거름이 되어 줍니다. 자신의 모든 것을 아낌없이 주는 존재입니다.

예문 • 가을에 진 낙엽은 썩어 거름이 된다.

어 휘 력 뿜 뿜   비슷한 말 • 고엽, 갈잎   관용 표현 • 낙엽이 지다

관련 사자성어

秋風落葉 추풍낙엽

가을바람에 떨어지는 낙엽이라는 뜻으로, 세력 따위가 갑자기 기울거나 시듦을 이르는 말.

27일

風

바람 풍

오늘의 낱말

風景
풍 경

감상의 대상이 되는 자연의 경치

아름다운 자연을 보면 '풍경이 아름답다'라고 합니다. 하지만 그 풍경에서 정작 바람은 눈에 보이지 않습니다. 눈에 보이지 않는 바람이 눈에 보이는 경치를 더욱 아름답게 만드는 건 아닐까요?

예문 · 우리 할머니 집은 풍경이 참 멋지다.

비슷한 말 · **경치, 경관**
동음이의어 · **풍경(風磬)** - 처마 끝에 다는 작은 종.

관련
사자성어

風樹之嘆 풍수지탄
나무가 고요하고자 하나 바람이 그치지 않는다는 뜻으로, 부모에게 효도를 하려고 생각할 때는 이미 돌아가셨음을 안타까워하는 말.

5일

落

떨어질 낙

오늘의 낱말

落 心

낙   심

바라던 일을 이루지 못하여 마음이 상함

'낙심'은 말 그대로 마음이 낙엽처럼 떨어지는 것을 말합니다. 높은 곳에서 떨어지면 상처가 나듯 마음이 떨어지니 얼마나 상처가 클까요? 혹시 낙심하고 있나요? 힘을 내고 일어서세요.

예문 · 이번 시험에서 원하던 결과가 나오지 않아 낙심이 크다.

어 휘 력 뿜 뿜

비슷한 말 · 실망, 낙망, 상심   관용 표현 · 낙심이 크다

관련 사자성어

落落長松 낙락장송
가지가 아래로 축축 늘어진 큰 소나무를 뜻하며 지조와 절개가 굳은 사람을 일컬음.

3월

28일

告

알릴 고

오늘의 낱말

告發
고 발

세상에 알려지지 않은 잘못이나 비리 등을 드러내어 알림

뉴스를 보면 '내부 고발' 사건이 보도될 때가 있습니다. 누군가 자기가 있는 회사나 단체의 잘못을 알렸다는 뜻입니다. 내 행동을 다른 사람이 모를 것 같지만 다 알게 되는 것이 세상 이치입니다.

예문 · 우리 반의 누군가가 계속 청소 당번을 빼먹었다는 사실이 고발되었다.

어 휘 력 뿜 뿜   비슷한 말 · 폭로, 발고

관련
사자소학

出必告之 返必拜謁 출필고지 반필배알

위도 없고 아래도 없다는 뜻으로, 차이가 거의 나지 않음을 이르는 말.

10월

4일

因

인할 인

오늘의 낱말

因果
인　　과

원인과 결과를 아울러 이르는 말

세상 모든 일의 결과에는 원인이 있습니다. 인과관계를 잘 따질 줄 아는 사람이 발전 가능성이 있습니다. 오늘은 어제가 원인이 되어 나타난 결과일 수 있습니다. 오늘은 내일의 원인이 됩니다.

예문 · 두 사건에는 분명 어떤 인과관계가 있는 듯하다.

어 휘 력 뿜 뿜 　　비슷한 말 · 인과응보, 과보 　관용 표현 · 인과관계

관련
사자성어

因果應報 인과응보

선을 행하면 선한 결과가, 악을 행하면 악한 결과가 반드시 따른다는 말.

29일

表

겉 표

表 裏

표 　리

겉과 속 혹은 안팎

표리가 다른 사람을 두고 가식적이라고 합니다. 밖으로 하는 말과 속으로 품고 있는 마음이 다른 사람에게는 실망하게 되는 법입니다. 나는 겉과 속이 같은 사람인가요?

예문 · 표리가 없는 사람은 모두에게 믿음을 산다.

어휘력 뿜뿜

비슷한 말 · 안팎
관용 표현 · **표리가 없다** - 겉과 속이 똑같다는 것을 이르는 말.

관련 사자성어

表裏不同 표리부동
겉과 속이 같지 않다는 뜻으로, 속마음과 겉으로 드러나는 말과 행동이 다름을 일컫는 말.

3일

原

근원 원

오늘의 낱말

原因

원   인

<u>어떤 사물이나 상태를 일으키는 근본이 된 일이나 사건</u>

세상의 모든 일은 원인이 있으면 결과가 있기 마련입니다. 좋은 결과를 바란다면 원인이 좋아야 합니다. 공부를 잘하기 원한다면 열심히 노력해야 하는 이유입니다.

예문 · 이번 시험을 망친 원인이 무엇인지를 곰곰이 따져 봤다.

어 휘 력 뿜 뿜

비슷한 말 · 발단, 사유, 이유, 꼬투리, 동기   반대말 · 결과
관용 표현 · 원인 분석

**관련
속담**

아니 땐 굴뚝에 연기 날까?

아궁이에 불을 때야 연기가 나듯 어떤 결과에는 반드시 원인이 있다는 말.

30일

行

다닐 행

오늘의 낱말

行動

행   동

몸을 움직여 어떤 동작을 행하거나 일을 함

남에게 대접받고 싶은 대로 남을 대접하라는 말이 있습니다. 여러분이 귀하게 대해지기를 바란다면, 스스로가 먼저 주변의 친구들과 어른들에게 친절하고 상냥하게 행동해야겠습니다.

예문 · 수업 중에 누군가가 갑자기 돌발 행동을 했다.

어 휘 력 뿜 뿜   비슷한 말 · 품행, 행실, 행위, 몸가짐

**관련
사자성어**

行動擧止 행동거지

몸을 움직여 하는 모든 동작이나 행동, 몸가짐 따위를 이르는 말.

10월

2일

洗

씻을 세

오늘의 낱말

洗 手
세   수

손이나 얼굴을 씻음

세수는 아침저녁으로 하는 행위 중 하나입니다. 손이나 얼굴을 깨끗이 하기 위해 우리는 매일 세수를 합니다. 손과 얼굴의 더러움을 씻기 위해 세수를 하듯 우리 마음의 세수도 매일 해야겠습니다.

예문 · 늦잠을 자서 세수도 못 하고 학교에 갔다.

어 휘 력 뿜 뿜

비슷한 말 · 세면, 세안   동음이의어 · 세수(稅收) - 국민에게 세금을 징수하여 얻은 정부의 수입.   관용 표현 · 세수하다

관련 사자성어

以血洗血 이혈세혈

피로서 피를 씻는다는 뜻으로 악을 악으로 갚거나 거듭 나쁜 짓을 함을 이르는 말.

31일

用

쓸 용

오늘의 낱말

用 途

용   도

물건이나 금전 따위가 쓰이는 방식

모든 물건에는 제 용도가 있습니다. 특히 돈을 사용할 때는 그 용도를 잘 생각해 사용하는 것이 중요합니다. 용도를 생각하지 않고 막 쓰다가는 금세 용돈이 바닥나니까요.

예문 · 부모님은 용도에 맞게 용돈을 잘 사용하라고 당부하셨다.

─────────────────────

어 휘 력 뿜 뿜   비슷한 말 · 쓰임새, 쓸모, 효용

| 관련 사자성어 | **無用之物 무용지물** 쓸모없는 물건이나 사람. |

1일

十

열 십

오늘의 낱말

十 月

십　　월

한 해 열두 달 가운데 열째 달로 '시월'이 표준어임

완연한 가을로 접어든 시월. 나뭇잎은 이제 울긋불긋 단풍이 듭니다. 산에 불이라도 난 듯 아름다움을 뽐냅니다. 나뭇잎은 지면서도 어떻게 그렇게 아름다울 수 있을까요?

예문 · 우리 가족은 시월이 되면 단풍놀이를 가기로 했다.

어휘력 뿜뿜　비슷한 말 · 상달　잘못된 표현 · 십월

관련 성어　**十中八九 십중팔구**
열에 여덟이나 아홉이란 뜻으로 거의 모두 다를 가리키는 말.

四月

4월

十月
10월

1일

四

넉 사

四 月

사 　 월

한 해 열두 달 가운데 넷째 달

1년 중 가장 아름다운 달 중 하나입니다. 나무마다 새싹이 자라고 꽃이 핍니다. 여기를 봐도 저기를 봐도 온통 초록의 바다입니다. 사월을 맘껏 누려 보길 바랍니다.

예문 • 새 학년이 시작된 지 한 달이 지난 지금은 사월이다.

어 휘 력 뿜 뿜

관용 표현 • **잔인한 사월** - 노벨문학상 수상 시인 엘리엇의 「황무지」란 시에 나오는 구절로 유명한 표현.

관련
속담

사월 없는 곳에 가서 살면 좋겠다.

배고팠던 시절에 사월은 춘궁기라 하여 가장 배가 고픈 때였는데, 이때의 고달픔을 이르는 말.

30일

馬

말 마

오늘의 낱말

名 馬
명   마

이름난 아주 훌륭한 말

아라비아산 말은 세계에서도 손꼽히는 명마(名馬) 중의 명마입니다. 명마로 인정받는 이유는 어떤 곤란한 환경에 있더라도 주인이 부르면 바로 달려오기 때문이라고 합니다.

예문 · **명마**는 오랜 훈련 끝에 마침내 탄생한다.

어 휘 력 뿜 뿜   비슷한 말 · 양마

관련 사자성어

馬耳東風 마이동풍
말의 귀에 부는 동쪽 바람이라는 뜻으로 남의 말을 조금도 귀담아듣지 않고 흘려 버림을 이르는 말.

4월

2일

出

날 출

오늘의 낱말

출   입

나감과 들어옴

"학교 다녀오겠습니다." "다녀왔습니다." 여러분이 매일 하는 말입니다. 어딘가를 갈 때는 집의 어른께 미리 알려야 합니다. 출입을 알리는 것 또한 예의 바른 사람의 자세이기 때문이죠.

예문 • 지하철의 문이 닫히며 방송이 나왔다. "출입문 닫힙니다."

어 휘 력 뿜 뿜   비슷한 말 • 나들이, 외출, 출타   관용 표현 • 바깥출입

관련 사자소학   **父母出入 每必起立** 부모출입 매필기립
부모님이 드나드실 때 매번 반드시 일어서야 한다.

29일

術

꾀 술

美 術
미 　 술

오늘의 낱말

아름다움을 시각적, 조형적으로 표현하는 예술

미술은 아주 오래전, 글자가 생기기 전부터 인간의 생각을 표현하는 도구였습니다. 그래서 우리가 선사 시대의 벽화나 조각품 등을 보며 선조들의 생활상을 엿볼 수 있는 것이죠.

예문 · 미술은 내가 제일 좋아하는 과목이다.

어 휘 력 뿜 뿜　　비슷한 말 · 예술　관용어 · 미술관, 미술사, 현대 미술

**관련
사자성어**

權謀術數 권모술수
목적 달성을 위하여 수단과 방법을 가리지 아니하는 온갖 모략이나 술책.

4월

3일

女

여자 여

오늘의 낱말

여성으로 태어난 사람

'女'는 '여자'나 '딸', '처녀'라는 뜻을 가진 글자입니다. 여자가 무릎을 꿇고 단정하게 손을 모으고 있는 모습을 본뜬 글자입니다. 오늘날 이 한자를 다시 만든다면 어떻게 만들 수 있을까요?

예문 · 우리 반 여자 친구들은 서로 아주 친하다.

──────────────────────────────

어휘력 뿜뿜   비슷한 말 · 여성, 숙녀, 여인   반대말 · 남자

관련 사자성어

南男北女 남남북녀
옛날부터 남쪽 지방은 남자가 잘나고 북쪽 지방은 여자가 아름답다는 뜻으로 쓰는 말.

입 구

오늘의 낱말

口傳
구 전

말로 전함

선녀와 나무꾼, 견우와 직녀, 흥부전. 이 이야기의 공통점을 아나요? 바로 입에서 입으로 전해져 내려온 구전 동화라는 점입니다. 오래전부터 지금까지 사랑받는 동화의 가치는 대단합니다.

예문 · 이 이야기는 구전으로 내려오는 전설 같은 이야기야.

어 휘 력 뿜 뿜

비슷한 말 · 구비, 구승, 구비전승
관용 표현 · 구전 동화, 구전 민요

관련
사자소학

口勿雜談 手勿雜戲 구물잡담 수물잡희
입으로는 잡담하지 말며, 손으로는 장난치지 말라.

4일

鼻

코 비

오늘의 낱말

耳目口鼻
이 목 구 비

귀, 눈, 입, 코를 중심으로 한 얼굴의 생김새

흔히 이목구비의 생김새가 사람의 인상을 결정한다고 합니다. 그러나 뚜렷한 이목구비보다 중요한 것은 바로 표정입니다. 찡그린 얼굴보다 활짝 웃는 얼굴이 보기 좋은 법이니까요.

예문 · 나는 내 동글동글한 이목구비가 참 마음에 든다.

어 휘 력 쑥 쑥   비슷한 말 · 얼굴, 인물, 면목

관련 속담

내 코가 석 자.

내 일도 감당하기 어려워 남의 사정을 돌볼 여유가 없다는 말.

味

맛 미

오늘의 낱말

취 미

즐기기 위하여 하는 일

취미에는 여러 가지 순기능이 있습니다. 적당한 취미 생활은 스트레스 해소를 돕기도 하고, 스스로를 다스리는 능력과 만족감을 채워 주기도 하죠. 여러분의 취미는 무엇인가요?

예문 · 나의 취미는 요리이다.

어 휘 력 뿜 뿜   비슷한 말 · 관심사, 낙   관용 표현 · 취미 생활

관련
사자성어   **意味深長 의미심장**
말이나 글의 뜻이 매우 깊음.

5일

木

나무 목

植木

식   목

나무를 심음

오늘은 식목일입니다. 나무를 심는 날이죠. 나무만큼 인간을 이롭게 하는 존재도 없는 듯합니다. 나무를 아끼고 사랑하는 마음이 있는 사람은 행복한 사람입니다.

예문 · 식목일을 맞아 학교에서 나무 심기 행사를 한다고 한다.

 어 휘 력 뿜 뿜   비슷한 말 · 식수, 식재   반대말 · 벌목

**관련
성어**

山川草木 산천초목
산천과 초목. 산과 물과 나무와 풀이라는 뜻으로, 자연을 일컫는 말.

9월

26일

意

뜻 의

오늘의 낱말

意味
의 미

말이나 글의 뜻

단어의 의미를 알면 그 개념을 이해하기가 훨씬 쉽습니다. 공부할 때도 새로 배우는 개념은 단어의 뜻을 먼저 찾아보세요. 예를 들어, 분수를 처음 배울 때는 '분수'라는 단어의 뜻을 찾아보는 것이죠.

예문 · 여러 개의 의미를 가진 단어를 다의어라고 합니다.

어휘력 뿜뿜

비슷한 말 · 뜻, 의의, 중요성
관용 표현 · 의미 있다 – 가치 있다는 뜻.

관련 사자성어

用意周到 용의주도
꼼꼼히 마음을 써서 일에 빈틈이 없다는 뜻.

4월

6일

左

왼 좌

오늘의 낱말

左右

좌   우

왼쪽과 오른쪽

횡단보도에서는 좌우를 살피고 건너라고 합니다. 그렇게 행동과 말을 조심해야 할 때가 있습니다. 조용한 아침 자습 시간처럼 말이죠. 그런 때를 잘 알고 행동하는 여러분이 되기를 바랍니다.

예문 · 반에 전학생이 오자 친구들이 좌우로 그 아이를 둘러쌌다.

어 휘 력 뿜 뿜

비슷한 말 · 양옆, 주변
관용 표현 · 좌우하다 - 어떤 일에 영향을 주어 지배한다는 뜻.

관련
사자성어

前後左右 전후좌우
앞과 뒤, 왼쪽과 오른쪽을 일컫는 말로 사방을 뜻함.

25일

姓

성씨 성

오늘의 낱말

姓銜
성   함

'성명'의 높임말

어른의 이름을 물을 때는, 높임말인 '성함'을 써서 "성함이 어떻게 되십니까?"라고 물어야 합니다. 또 어른의 이름을 소개할 때는 "저의 아버지는 O[성] O 자 O 자 쓰십니다"와 같이 해야 합니다.

예문 · 너희 반 선생님 성함은 어떻게 되셔?

어휘력 뿜뿜 비슷한 말 · 존함, 함자

관련 사자성어

同姓同名 동성동명
성과 이름이 같다.

4월

7일

右

오른쪽 우

오늘의 낱말

右側通行
우 측 통 행

길을 갈 때 오른쪽으로 감

각자 자기가 가고 싶은 쪽으로 걷는다면, 서로가 뒤엉켜 사고가 나게 될 것입니다. 그러나 모두가 오른쪽으로 걷기로 약속하고 이를 지키기 때문에 서로 부딪히지 않고 안전하게 갈 수 있습니다.

예문 · 우리나라는 우측통행이 기준이지만, 다른 나라는 좌측통행을 하기도 한다.

어 휘 력 뿜 뿜 ┊ 비슷한 말 · 우측보행 반대말 · 좌측통행

관련 성어
右往左往 우왕좌왕
오른쪽으로 갔다 왼쪽으로 갔다 하며 갈피를 잡지 못함을 이르는 말.

24일

車

수레 거(차)

오늘의 낱말

拍車
박　　차

어떤 일을 촉진하려고 더하는 힘

'박차'란 본래 말을 탈 때 신는 구두에 달린 톱니바퀴입니다. 이것으로 말을 차면 말이 빨리 달리는 것이죠. 우리가 평소 쓰는 '박차를 가하다'라는 말은 여기에서 유래된 것이랍니다.

예문 • 나는 시험을 며칠 앞두고 시험공부에 박차를 가했다.

어휘력 뿜뿜　관용 표현 • 박차를 가하다 - 어떤 일이 더 빨리 이루어지도록 힘을 더하다.

관련 속담

빈 수레가 요란하다.
실속 없는 사람이 겉으로 더 떠들어 댐을 비유적으로 이르는 말.

4월

8일

禮

예도 예

오늘의 낱말

禮節
예 절

사람 사이에 마땅히 지켜야 할 질서나 절차

예절은 어린아이가 어른에게 지키는 것만이 아닙니다. 친구나 나보다 어린 사람도 존중하는 태도, 그것이 진정한 예절 아닐까요? 예절은 사람이라면 마땅히 지켜야 할 도리입니다.

예문 · 음식을 만든 사람에게 맛있다고 말하는 것도 예절이다.

어휘력 뿜뿜 비슷한 말 · 예의, 범절 관용 표현 · 예의범절

관련 사자소학 **非禮勿言 非禮勿動 비례물언 비례물동**
예가 아니면 말하지 말고, 예가 아니면 행동하지 말라.

23일

忍

참을 인

오늘의 낱말

忍 耐
인 내

괴로움이나 어려움을 참고 견딤

'인내는 쓰나 그 열매는 달다'라는 말을 흔히 하곤 합니다. 하루를 살다 보면 참아야 할 일이 한두 가지가 아닙니다. 참지 않고 화를 폭발시키면 나중에 반드시 후회하기 마련입니다.

예문 · 그가 최고의 축구선수로 성장한 것은 오랫동안 인내로 훈련한 시간이 있었기 때문이다.

 어휘력 뿜뿜

비슷한 말 · 감내, 감당
관용 표현 · 인내는 쓰나 그 열매는 달다

관련 사자소학

非人不忍 不人非忍 비인불인 불인비인

사람이 아니면 참지 못하고, 참지 못하면 사람이 아니다.

4월

9일

夫

지아비 부

오늘의 낱말

夫 婦

부 부

남편과 아내

세상의 모든 관계에서 가장 가까운 관계가 부부 관계입니다. 하지만 그 관계가 틀어졌을 때는 가장 원수가 되기도 하는 관계가 바로 부부 관계입니다. 가까운 관계일수록 그 소중함을 알고 조심해야 합니다.

예문 · 김태희와 비는 유명한 연예인 부부이다.

어 휘 력 뿜 뿜 | 비슷한 말 · 내외, 커플, 가시버시 높임말 · 내외분

관련 속담

부부싸움은 칼로 물 베기.

부부가 하는 싸움은 곧 화해하기 쉬움을 뜻하는 말.

9월

22일

分

나눌 분

오늘의 낱말

秋分

추　　분

밤과 낮의 길이가 같은 절기

이제까지는 낮이 길어 참 좋았는데 오늘부터는 밤이 점점 길어집니다. 늦게 자는 것은 좋지 않습니다. 일찍 자고 일찍 일어나는 좋은 습관을 가져 보세요.

예문 · 추분은 밤과 낮의 길이가 같아지는 이십사절기의 하나다.

어 휘 력 쑥쑥　비슷한 말 · 추분날
참조어 · 춘분(春分) - 3월 20~21일경에 있는 밤낮이 같은 절기

**관련
속담**　**추분이 지나면 벌레가 숨는다.**
추분 이후로 날씨가 조금씩 쌀쌀해지면서 극성을 부렸던 벌레들이 차츰 사라진다는 말.

10일

千

일천 천

오늘의 낱말

千

천

백의 열 배가 되는 수

매우 드묾을 일러 '천에 하나'라는 말을 쓰곤 합니다. 오늘 나의 삶을 통해 한 가지라도 깨닫는 사람은 천에 하나도 없습니다. 내가 오늘 천에 하나가 될 생각은 없나요?

예문 · 말을 듣지 않는 아들을 보자 엄마 마음이 천 갈래 만 갈래 찢어졌다.

어휘력 뿜뿜

비슷한 말 · 일천
관용 표현 · 천 갈래 만 갈래 - 아주 많은 여러 갈래를 이르는 말.

관련
속담

천 길 물속은 알아도 한 길 사람의 속은 모른다.
사람의 속마음을 알기가 매우 어렵다는 말.

9월

21일

界

지경 계

臨界點
임 계 점

물질의 구조와 성질이 다른 상태로 바뀔 때의 온도와 압력

물은 100℃가 되기 전에는 끓지 않습니다. 우리에게도 이런 임계점이 있습니다. 내가 열심히 하는 것의 성과가 당장은 없는 것 같아도, 노력을 멈추지 않으면 언젠가는 끓어오를 것입니다.

예문 · 잘하고 싶은 게 있다면, 임계점을 넘을 때까지 멈추지 말아라.

어휘력 뿜뿜 관용 표현 · 임계점을 넘다 – 한계를 딛고 넘어서 격파하는 것을 말함.

관련 성어

世界大戰 세계대전

세계 여러 나라가 관여하는 큰 규모의 전쟁으로, 제1차 세계대전(1914~1918)과 제2차 세계대전(1939~1945)이 있었음.

4월

11일

太

클 태

오늘의 낱말

太極旗
태 극 기

우리나라 국기

평화가 느껴지는 흰색 바탕, 파랑과 빨강으로 어우러져 음양의 조화를 상징하는 강렬한 태극 문양, 하늘과 땅과 물과 불을 나타내는 건곤감리 4괘. 우리나라의 자랑스러운 태극기입니다.

예문 · 광복절에 기쁜 마음을 담아 태극기를 높이 달았다.

어 휘 력 뿜 뿜 | 비슷한 말 · 국기

관련 성어 | **太平洋 태평양**
전 세계 바다 면적의 반을 차지하는, 세계에서 가장 넓은 바다.

20일

神

귀신 신

오늘의 낱말

精神

정 신

사물을 느끼고 생각하며 판단하는 능력

평소 운동을 잘 하지 않거나, 매일 밤늦게까지 자지 않는 친구는 없나요? 건강한 몸에 건강한 정신이 깃듭니다. 건강한 정신이 깃들 수 있도록 신체도 잘 단련하세요.

예문 • 너무 졸렸지만, 차가운 물을 한 잔 마시고 정신을 차렸다.

어휘력 뿜뿜

비슷한 말 • 생각, 마음, 자세　반대말 • 육체
관용 표현 • 정신을 차리다, 정신이 나다, 정신이 들다, 정신이 빠지다

관련 사자소학

精神一到 何事不成 정신일도 하사불성

정신을 한곳으로 하면 무슨 일인들 이루어지지 않으랴는 뜻.

12일

靑

푸를 청

오늘의 낱말

靑 春
청 춘

인생의 젊은 나이나 그 시절을 이르는 말

생명이 피어나는 푸르른 봄철같이, 젊음은 아름답고 귀한 것이죠. 주로 20대 정도의 나이를 일컫는 말이지만, 여러분도 청춘이라고 볼 수 있습니다. 나는 청춘을 어떻게 보내고 있나요?

예문 · 할아버지께서 당신의 청춘을 돌아보며 미소를 지으셨다.

(어 휘 력 뿜뿜) 비슷한 말 · 청년기 관용 표현 · 이팔청춘, 꽃다운 청춘

**관련
사자성어**

二八靑春 이팔청춘
열여섯 살 전후의 젊은이나 젊은 나이를 이르는 말.

19일

理

다스릴 리

오늘의 낱말

攝理

섭   리

자연계를 지배하고 있는 원리와 법칙

이 세상 모든 것에는 본연의 섭리가 있습니다. 중요한 자연의 섭리 하나는 베푼 대로 돌아온다는 것입니다. 오늘 내가 하는 행동이 어떻게 돌아올지 생각해 보세요.

예문 • 얘야, 농사를 짓는 것은 자연의 섭리를 깨닫는 과정이란다.

어휘력 뿜뿜   비슷한 말 • 이치, 법칙   관용 표현 • 자연의 섭리

관련 사자성어   **窮理窮理 궁리궁리**
여러모로 이리저리 따져 깊이 생각하기를 거듭함.

4월

13일

淸

맑을 청

오늘의 낱말

淸明
청   명

날씨가 맑고 밝다

오늘의 하늘은 어떤가요? 4월의 하늘은 참 청명합니다. 맑고 깨끗한 하늘은 보기만 해도 기분이 좋아지는, 고마운 선물입니다. 하늘을 자주 올려다보며 그 선물을 만끽하길 바랍니다.

예문 · 오늘은 구름 한 점 없이 청명하다.

어 휘 력 뿜 뿜   비슷한 말 · 맑다, 화창하다, 쾌청하다

관련 속담

물이 너무 맑으면 고기가 아니 모인다.

사람이 지나치게 결백하고 따지면 사람이 따르지 않는다는 말.

18일

物

만물 물

오늘의 낱말

物理
물　　리

물질의 물리적 성질과 현상, 관계나 법칙을 연구하는 학문

물리나 과학을 좋아하나요? 뉴턴은 나무에서 떨어지는 사과를 보고 중력의 법칙을 발견해 냈습니다. 이처럼 우리 주변에서 일어나는 현상의 비밀을 밝혀내는 과학은 참 매력 있는 학문이랍니다.

예문 · 우리 어머니는 중학교 물리 선생님이다.

어휘력 뿜뿜　비슷한 말 · 물리학　관용 표현 · 물리 법칙

관련 사자성어

見物生心 견물생심
물건을 보면 욕심이 생긴다는 뜻.

4월

14일

責

꾸짖을 책

오늘의 낱말

責望

책 망

허물이나 잘못에 대해 꾸짖거나 나무람

친구나 동생이 한 잘못을 책망한 적이 있나요? 책망할 때는 자기의 모습 또한 돌아보아야 합니다. 상대의 잘못보다 자신의 잘못을 알고 고쳐야 할 점을 아는 사람이야말로 지혜로운 사람이니까요.

예문 · 나는 오늘 숙제를 하지 않아 선생님께 책망을 받았다.

어 휘 력 뿜 뿜 비슷한 말 · 힐책, 꾸중 관용 표현 · 책망을 받다

**관련
사자소학**

父母責之 勿怒勿答 부모책지 물노물답
부모님이 꾸짖으시더라도 화내지 말고 말대답하지 말라.

17일

北

북녘 북

오늘의 낱말

北極
북   극

지구의 자전축에서 북쪽 끝의 지점

북극의 얼음이 녹고 있습니다. 북극뿐만이 아닙니다. 우리나라에서도 이상기후 현상이 나타나고 있습니다. 이 기후 문제 속에서 내가 할 수 있는 일은 무엇일까요?

예문 · 북극에는 북극곰이 살고, 남극에는 펭귄이 산다.

어 휘 력 뿜 뿜   반대말 · 남극

관련 사자성어

南橘北枳 남귤북지

남쪽 땅의 귤나무를 북쪽에 옮겨 심으면 탱자나무로 변한다는 뜻으로, 사람도 처해 있는 곳에 따라 선하게도 되고 악하게도 됨을 이르는 말.

4월

15일

食

밥 식

오늘의 낱말

食事
식   사

끼니로 음식을 먹음

식사 시간, 부모님께서 밥을 다 차려 놓고 몇 번을 부르셔야 밥을 먹으러 가지는 않았나요? 오늘은 부르시기 전에 먼저 나가 식사 준비를 도와드릴까요? 대견해하는 부모님의 모습을 볼 수 있을 거예요.

예문 · 명절이 되면, 모든 가족과 친척이 모여 식사를 한다.

어 휘 력 뿜 뿜

비슷한 말 · **밥, 끼, 끼니** 높임말 · **진지**

관련
사자소학

飮食愼節 言語恭遜 음식신절 언어공손

먹고 마실 때는 삼가고 절제하며, 말할 때는 공손히 하라.

16일

南

남녘 남

오늘의 낱말

南北
남   북

남쪽과 북쪽

남한과 북한은 언제 통일이 될까요? 한국전쟁이 발발하고 휴전 협정을 맺은 지 벌써 70년 남짓의 세월이 흘렀습니다. 한 민족이 갈라서서 서로 왕래하지 못하는 슬픔을 잊으면 안 되겠습니다.

예문 · 남북의 선수가 하나의 팀을 이루어 출전했다.

어 휘 력 뿜 뿜　비슷한 말 · 북남 관용어 · 남북통일

관련
사자성어

追友江南 추우강남

친구 따라 강남 간다는 뜻으로, 벗을 위해 먼 길이라도 간다는 뜻. 또는 줏대 없이 남의 권유나 말에 동조하는 것을 이르는 말.

16일

勝

이길 승

오늘의 낱말

勝利

승   리

겨루어 이김

하기 싫었던 숙제를 결국 다 끝냈을 때, 늦잠 자고 싶은 마음을 누르고 일찍 일어났을 때. 뭐니 뭐니 해도 가장 보람찬 것은 나 자신과의 싸움에서 이기는 것이지 않을까요?

예문 · 체육 시간에 한 피구 게임에서 우리 팀이 승리를 거두었다.

어 휘 력 뿜 뿜
비슷한 말 · 승전   반대말 · 패배
관용 표현 · 승리를 거머쥐다, 승리를 거두다

관련
사자성어

百戰百勝 백전백승
백 번 싸워 백 번 이긴다는 뜻으로 싸울 때마다 모두 이김을 이르는 말.

15일

命

목숨 명, 명할 명

오늘의 낱말

使命

사 명

맡겨진 임무

각 사람은 이 땅에 보내진 이유가 있답니다. 마치 사명처럼, 각자가 세상에서 할 역할이 있는 것이죠. 나의 꿈은 무엇인가요? 그 꿈을 통해 내가 할 수 있는 사명은 무엇일까요?

예문 · 아프리카에서 평생 봉사활동을 해온 한 의사는 그것이 자신의 사명이었다고 말했다.

어 휘 력 뿜 뿜   비슷한 말 · 임무, 명령

관련 사자소학

坐命跪聽 立命立聽 좌명궤청 입명입청

앉아서 명하시면 꿇어앉아서 듣고, 서서 명하시면 서서 들음.

17일

敗

패할 패

오늘의 낱말

勝敗
승 　패

승리와 패배를 아울러 이르는 말

전 국민이 손에 땀을 쥐고 지켜보는 올림픽 경기부터, 친구와의 가위바위보 한 판까지. 어떤 결판이든 최선을 다하되, 승패를 인정하고 받아들일 줄 알아야 합니다.

예문 · 승패를 떠나 최선을 다했는지가 중요하다.

어휘력 뿜뿜 　비슷한 말 · 승부 관용 표현 · 승패를 가르다

관련 사자성어

敗家亡身 패가망신

집안의 재산을 모두 없애고 몸을 망침.

14일

잘못 과

오늘의 낱말

過誤
과   오

부주의나 태만 따위에서 비롯된 잘못이나 허물

여러분이 지금까지 저지른 가장 큰 과오는 무엇인가요? 그 잘못을 충분히 반성하고 뉘우쳤나요? 그랬다면, 이제는 다시 그 잘못을 저지르지 않도록 훌훌 털고 일어서면 된답니다.

예문 · 네가 용기 있게 과오를 인정하고 반성했으니 됐어.

어휘력 뿜뿜

비슷한 말 · 과실, 잘못, 허물

관용 표현 · 과오를 씻다 - 잘못을 뉘우치고 돌이킨다는 뜻.

관련
사자소학

朋友有過 忠告善導 붕우유과 충고선도

친구에게 잘못이 있거든 충고하여 착하게 인도하라는 뜻.

4월

先

먼저 선

오늘의 낱말

先 手
선   수

남이 하기 전에 앞질러 하는 행동

바둑에서 결정적인 좋은 수를 먼저 두는 것을 선수라고 합니다. 상대방보다 앞서서 좋은 위치에 돌을 둘 수 있다면 승리에 더 가까워지는 것이죠. 이러한 바둑의 원리처럼, 때로는 용감하게 먼저 행동해야 할 때가 있답니다.

예문 · 손을 번쩍 들었는데, 아쉽게도 다른 친구에게 선수를 뺏겼다.

어휘력 뿜뿜

동음이의어 · 선수(選手) - 운동 경기나 기술 따위에서 기량이 뛰어난 사람.
관용 표현 · 선수 치다 - 남보다 먼저 착수하다.

관련 속담

매도 먼저 맞는 놈이 낫다.
겪어야 할 일이라면 힘들고 괴롭더라도 먼저 치르는 것이 낫다는 말.

13일

聞

들을 문

오늘의 낱말

所 聞
소   문

사람들 입에 오르내려 전하여 들리는 말

소문으로 도는 말은 알고 보면 사실과 관련 없는 이야기일 때가 많습니다. 말은 정말 속도가 빠르면서도, 항상 정확하지는 않죠. 그러니 소문만을 믿고 어떤 것을 단정 지어서는 안 되겠습니다.

예문 · 그 가수가 곧 새 노래를 낸다는 소문이 퍼졌다.

어휘력뿜뿜

비슷한 말 · 풍문
관용 표현 · 소문이 나다, 소문이 퍼지다, 소문이 떠돌다

관련
사자성어

朝聞夕死 조문석사
아침에 진리를 들어 깨치면 저녁에 죽어도 한이 없으니, 짧은 인생이라도 값있게 살아야 한다는 것.

4월

後

뒤 후

오늘의 낱말

追後

추   후

일이 지나간 얼마 뒤, 나중

어떤 복잡한 문제들은 나중에 다시 보았을 때 더 명확하게 보이곤 합니다. 지금 나를 힘들게 하는 문제가 있나요? 조금 시간이 지난 후에 다시 생각해 보세요. 생각보다 쉽게 해결되기도 한답니다.

예문 · 그 문제에 대해 추후 다시 의논하기로 했다.

어 휘 력 뿜 뿜   비슷한 말 · 사후, 후

관련 사자성어

前後左右 전후좌우

앞쪽과 뒤쪽, 왼쪽과 오른쪽이라는 뜻으로 사방을 뜻함.

12일

共

함께 공

오늘의 낱말

共同體
공 동 체

생활이나 행동 또는 목적 등을 같이하는 집단

여러분이 속해 있는 공동체에는 무엇이 있나요? 그중에서도 여러 분이 가장 오랜 시간 함께한 공동체는 가족일 것입니다. 소중한 공동체인 가족에게 오늘은 사랑을 표현해 보세요.

예문 · 선생님께서는 우리 반 친구들은 한 공동체라고 강조하셨다.

어 휘 력 뿜 뿜   비슷한 말 · 집단, 공동사회   관용 표현 · 사회 공동체

관련
성어

共存共榮 공존공영
함께 잘 살고 함께 번영한다는 뜻.

20일

美

아름다울 미

오늘의 낱말

美人
미 인

용모가 아름다운 사람

꼭 얼굴이 예뻐야만 미인일까요? 약속을 잘 지키는 것, 정직한 것, 필요할 때 용기를 낼 줄 아는 것. 이런 것도 아름다움이 아닐까요? 여러분 안에는 어떤 아름다움이 있나요?

예문 · 우리 엄마는 젊었을 적 미인으로 이름을 날렸다며 장난스럽게 말씀하시곤 한다.

 어 휘 력 뿜 뿜 · 비슷한 말 · 미남, 미녀, 절세미인, 절세가인

관련 사자성어

八方美人 팔방미인

어느 모로 보나 아름다운 미인을 뜻하기도 하며 여러 방면에 재주가 많은 사람을 의미하기도 함.

11일

席

자리 석

오늘의 낱말

出 席
출 석

어떤 자리에 나아가 참석함

개근상을 받아본 적 있나요? 학교에 빠지거나 지각하지 않고 성실히 출석한 학생에게 주는 상이지요. 쉬운 것 같으면서도 어렵기도 한 개근, 이번 학기에 도전해 보는 것은 어떤가요?

예문 · 선생님께서 출석부를 들고 출석을 부르셨다.

어 휘 력 뿜 뿜   비슷한 말 · 참석   반대말 · 결석

관련 사자성어

坐不安席 좌불안석
앉아도 자리가 편안하지 않다는 뜻으로, 마음이 불안하거나 걱정스러워서 한군데에 가만히 앉아 있지 못하고 안절부절못하는 모양을 이르는 말.

4월

21일

死

죽을 사

오늘의 낱말

死活

사 　 활

죽기와 살기로, 어떤 중대한 문제를 비유적으로 이르는 말

어떤 사람이 무언가를 정말 열심히 할 때, 사활을 건다고 표현합니다. 죽기 살기의 각오로 임한다는 것이죠. 내가 지금 최선을 다하고 있는 일이 있나요? 무엇인가요?

예문 · 우리나라 선수들은 월드컵 경기에서 사활을 걸고 뛰었다.

어 휘 력 뿜 뿜　비슷한 말 · 생사　관용 표현 · 사활을 걸다

**관련
사자성어**

九死一生 구사일생

아홉 번 죽을 뻔하다 한 번 살아난다라는 뜻으로, 여러 번 고비를 겪고 간신히 위기에서 벗어났다는 뜻.

10일

勤
부지런할 근

오늘의 낱말

勤勉
근 면

부지런히 일하며 힘씀

근면은 모든 일의 기본입니다. 공부도 성실한 것이 먼저입니다. 수업 시간에 집중하고 숙제도 열심히 하면 실력과 성적은 자연스레 따라오게 된답니다.

예문 • 저 학생은 참 근면해서 보기 좋다니까.

어휘력 뿜 뿜

비슷한 말 • 부지런 반대말 • 게으름, 나태, 태만
관용 표현 • 근면 성실하다

관련 사자소학

勤勉工夫 父母悅之 근면공부 부모열지
부지런히 공부하면, 부모님께서 기뻐하신다.

22일

時

때 시

오늘의 낱말

時代
시　대

역사적으로 구분한 일정한 기간

구석기 시대, 청동기 시대, 조선 시대, 고려 시대. 외울 게 많아서 머리가 지끈거리기는 하지만, 역사 공부는 우리에게 참 유익하고 해야만 하는 공부입니다.

예문 · 우리 언니는 시대를 앞서나가는 패셔니스타이다.

어 휘 력 뿜 뿜

비슷한 말 · 때
관용 표현 · 시대를 앞서가다, 시대에 뒤처지다

관련 사자성어

時機尙早 시기상조

오히려 때가 이르다라는 뜻으로, 아직 때가 되지 않음을 이르는 말.

9일

室

집 실

오늘의 낱말

教室

교   실

학교에서 학습 활동이 이루어지는 방

'교실'의 한자 뜻은 '가르침의 집'이라고 해석할 수 있습니다. 가르침의 집에 쓰레기를 버리거나 어지럽히면 안 되겠죠? 교실의 의미를 기억하며 우리 교실을 소중히 대해 주세요.

예문 · 교실에서는 뛰지 맙시다.

어 휘 력 뿜 뿜   비슷한 말 · 학급

관련 성어   **義同一室 의동일실**
한집안 식구처럼 정의가 두터움.

4월

23일

間

사이 간

오늘의 낱말

間奏
간   주

한 곡 중간에 삽입하여 연주하는 일

노래나 협주곡 등에는 간주가 있기 마련입니다. 간주는 중간에 쉼을 제공하기도 하고 음악의 분위기를 바꿔주기도 합니다. 오늘이 여러분에게 간주 같은 하루가 되기를 바랍니다.

예문 · 이 노래는 간주가 정말 아름답다.

어 휘 력 뿜 뿜

비슷한 말 · 간주곡, 인테르메조
동음이의어 · 간주(看做) - 상태, 모양, 성질 따위가 같다고 여김.

관련
성어

間奏曲 간주곡
노래나 오페라의 막간에 연주하는 가벼운 음악.

8일

成

이룰 성

오늘의 낱말

成就

성 취

목적한 바를 이룸

가장 최근에 경험한 성취는 무엇인가요? 꼭 대단한 것만이 성취가 아닙니다. 아침에 늦잠을 자지 않은 것, 반찬을 남기지 않고 먹은 것도 성취입니다. 작은 성취를 이룬 스스로를 칭찬해 주세요.

예문 · 백 점짜리 시험지를 받았을 때의 성취감이란!

어휘력 뿜뿜　비슷한 말 · 달성, 완수　관용 표현 · 소원 성취

관련 사자성어　**大器晚成** 대기만성

큰 그릇은 늦게 이루어진다는 뜻으로, 크게 될 사람은 늦게 이루어진다는 뜻.

24일

問

물을 문

오늘의 낱말

問答
문 답

물음과 대답, 또는 서로 묻고 대답함

질문 중에서도 그 상황에 꼭 필요하면서도 중요한 것을 묻는 지혜로운 질문이 있습니다. 여러분은 오늘 어떤 질문을 했나요?

예문 · 유명한 작가와 기자의 문답이 담긴 인터뷰 기사를 보았다.

 어 휘 력 뿜 뿜 비슷한 말 · 질의응답 관용 표현 · 문답을 주고받다

관련 사자소학

疑思必問 忿思必難 의사필문 분사필난

의심이 날 때는 반드시 물을 것을 생각하고,
분할 때는 반드시 어려움이 닥칠까 생각하라.

7일

土

선비 사

오늘의 낱말

紳士

신 사

사람됨이나 몸가짐이 점잖고 교양 있으며 예의 바른 남자

여러분은 오늘 어떤 말과 행동을 했나요? 신사 숙녀는 평소의 몸가짐부터 태가 나는 법입니다. 품격 있고 점잖은 사람이 되기 위해, 내가 하는 말과 행동을 돌아봅시다.

예문 · 신사 숙녀 여러분, 오늘의 초청 가수를 박수로 맞이해 주세요.

어 휘 력 뿜 뿜　　비슷한 말 · 교양인　반대말 · 숙녀

관련 성어

士氣振作 사기진작

의욕이나 자신감이 충만하여 굽힐 줄 모르는 씩씩한 기세를 떨쳐 일으킴.

4월

25일

老

늙을 로

오늘의 낱말

男女老少
남 녀 노 소

__남자와 여자, 늙은이와 젊은이. 곧 모든 사람__

예로부터 우리나라는 한 마을에서 남녀노소가 공동체를 이루며 살았습니다. 그런데 요즘은 성별과 나이에 따라 다른 사람을 이해하지 못하고 싸움이 일어나는 경우가 많은 것 같아 참 슬픕니다.

예문 · 그 가수의 노래는 남녀노소 관계없이 좋아한다.

어 휘 력 뿜 뿜　　관용 표현 · 남녀노소 할 것 없이

관련
사자성어

百戰老將 백전노장
많은 전투를 치른 노련한 장수라는 뜻으로, 세상일에 경험이 많아 여러 가지로 능수능란한 사람을 이르는 말.

6일

醫

의원 의

오늘의 낱말

名 醫
명 의

병을 잘 고쳐 이름난 의원이나 의사

여러분이 꼭 의사가 되지 않더라도, '명의'가 되는 방법이 있습니다. 친구나 가족이 고민이 있어 마음의 병이 생겼을 때, 이야기를 귀담아듣고 최선을 다해 위로해 주는 것입니다.

예문 · 조선 시대의 허준은 대표적인 명의이다.

어 휘 력 뿜 뿜   비슷한 말 · 명의사, 양의

관련 사자성어

先病者醫 선병자의

먼저 앓아 본 사람이 의원이라는 뜻으로, 경험 있는 사람이 남을 인도할 수 있다는 말.

4월

26일

多

많을 다

오늘의 낱말

多 讀
다   독

책을 많이 읽음

요즘에는 스마트폰으로 게임을 하거나 영상을 보느라, 책의 맛을 모르는 친구들이 많은 것 같아 안타까워요. 조금씩이라도 책을 읽다 보면 어느새 책을 사랑하게 된 자신을 발견할 거예요.

예문 • 내 짝꿍은 다독을 해서 그런지 모르는 게 없다.

어 휘 력 뿜 뿜

관용 표현 • 다독가, 다독왕

관련 사자성어	**多多益善 다다익선** 많으면 많을수록 더욱 좋다는 말.

5일

章
글 장

오늘의 낱말

文章
문 장

글을 뛰어나게 잘 짓는 사람

'문장'은 말이나 글의 단위뿐 아니라 글을 잘 짓는 사람을 일컫기도 한답니다. 여러분도 이런 '문장'이 될 수 있습니다. 당장 오늘 쓰는 일기, 책을 읽고 쓰는 독후감에 조금 더 공을 들여 보세요.

예문 · 『홍길동전』의 저자 허균은 당대의 문장으로 이름을 날렸다.

어 휘 력 뿜 뿜   비슷한 말 · 문장가

관련 성어

月章星句 월장성구
훌륭하고 아름다운 문장을 칭찬하여 이르는 말.

27일

少

적을 소

오늘의 낱말

 青少年
청 소 년

청년과 소년을 아울러 이르는 말

청소년, 바로 여러분을 가리키는 말입니다. 젊음은 돈 주고도 살 수 없는 귀한 것이라고 해요. 여러분은 귀중한 청소년 시기를 어떻게 보내고 있나요?

예문 · 선생님은 우리 같은 청소년 시기에 꿈을 가지게 되셨다고 한다.

어 휘 력 뿜 뿜   관용 표현 · 청소년기

관련
사자성어   **一笑一少 일소일소**
한 번 웃으면 그만큼 더 젊어짐.

4일

文

글월 문

오늘의 낱말

文化
문   화

사회 구성원들이 습득, 공유, 전달하는 행동이나 생활양식

한국에서 김치를 먹는 것, 미국에서 악수로 인사하는 것 등 세계에는 수많은 문화가 있습니다. 여러분이 알고 있는 우리나라의 문화는 무엇인가요? 또 다른 나라의 문화에는 무엇이 있나요?

예문 · 요즘은 BTS, 블랙핑크와 같은 K-POP 문화가 유명해졌다.

어 휘 력 뿜 뿜

비슷한 말 · 문물, 양식
관용 표현 · 문화 상대주의 - 서로 다른 문화의 차이를 인정하고 존중하는 태도.

**관련
성어**

文房四友 문방사우

서재에 꼭 있어야 할 네 벗. 종이, 붓, 벼루, 먹을 말함.

28일

長

길 장

오늘의 낱말

成長
성   장

사람이나 동식물 따위가 자라서 점점 커짐

사람은 누구나 커가면서 모습이 변합니다. 노력하지 않아도 겉모습은 변하지만, 마음과 생각도 그런 것은 아니랍니다. 나는 몸과 키가 자라면서 생각도 지혜로워지고 있나요?

예문 • 오늘 학교에서 과학 시간에 동물의 성장 과정을 배웠다.

어 휘 력 뿜 뿜   비슷한 말 • 생장, 성숙, 발달   관용 표현 • 성장기 어린이

관련 사자소학   **長者慈幼 幼者敬長** 장자자유 유자경장
어른은 어린이를 사랑하고 어린이는 어른을 공경해야 함.

9월

3일

由

말미암을 유

오늘의 낱말

理由
이   유

어떠한 결론이나 결과에 이른 까닭이나 근거

모든 일에는 이유가 있습니다. 이유를 알면 그 일의 가치를 알게 되죠. 여러분이 하는 공부도 이유를 찾으면 가치 있는 것이 됩니다. 내가 공부하는 이유는 무엇인가요? 오늘부터 찾아보세요.

예문 · 오늘 지각한 이유를 말해 봐.

어 휘 력 뿜 뿜 · 비슷한 말 · 근거, 구실, 원인

관련 속담

핑계(이유) 없는 무덤 없다.
무슨 일이든지 핑계를 만들 수 있다는 말.

4월

29일

短

짧을 단

오늘의 낱말

短點
단   점

잘못되고 모자라는 점

나에게는 어떤 단점이 있나요? 자신의 부족한 점이 무엇인지 아는 사람이야말로 그 단점을 보완하고 더 멋진 사람이 될 수 있답니다. 나의 부족한 점을 어떻게 고칠 수 있을지 고민해 보세요.

예문 · 내 단점은 숙제를 자주 잊어버리는 것이다.

어 휘 력 뿜 뿜

비슷한 말 · 흠, 약점, 결점   반대말 · 장점
관용 표현 · 단점을 들추다 - 단점을 드러낸다는 뜻.

관련 사자성어

一長一短 일장일단
장점도 있고 단점도 있음.

2일

弟

아우 제

오늘의 낱말

弟 子

제 자

스승으로부터 가르침을 받거나 받은 사람

'청출어람'이라는 말이 있지요. 제자가 스승도 뛰어넘을 만큼 훌륭하다는 뜻입니다. 여러분도 누군가에게 가르침을 받는 제자이지요? 언젠가는 스승보다 뛰어날 정도로 성장할 것을 기대합니다.

예문 · 선생님께서는 우리를 제자로 만나 고마웠다며 인사하셨다.

어휘력 뿜뿜 · 비슷한 말 · 학생, 문하생

관련
사자소학

兄弟和睦 父母喜之 형제화목 부모희지

형과 아우가 화목하면 부모님이 기뻐하신다.

30일

我

나 아

오늘의 낱말

我執
아　　　집

자기중심적 생각에 집착하여 자기만을 내세우는 것

자기만 옳다고 생각하는 아집 센 사람이 있습니다. 이런 사람은 주변의 멋진 생각을 받아들일 기회를 놓치게 됩니다. 혹시 나도 내 생각만을 고집한 적이 있지는 않나요?

예문 · 나는 그 애의 아집에 질려 버렸다.

어 휘 력 뿜 뿜　　비슷한 말 · 고집　관용 표현 · 아집에 빠지다, 아집이 강하다

관련 사자소학　　**父母呼我 唯而趨之 부모호아 유이추진**
부모님이 나를 부르시거든 공손히 대답하고 빨리 나아가야 한다.

1일

九

아홉 구

九 月

구   월

한 해 열두 달 가운데 아홉째 달

아, 이제는 살 것 같네요. 무더위가 물러가고 이제는 아침저녁으로 선선한 바람이 얼마나 시원한지 모릅니다. 귀뚜라미, 여치 같은 가을벌레 소리도 얼마나 듣기 좋은지 모릅니다. 그래서 행복합니다.

예문 · 2학기가 시작되고 어느덧 구월이 되었다.

어 휘 력 뿜 뿜 | 관용 표현 · 구시월 - 구월과 시월을 아울러 부르는 말.

관련 성어

九死一生 구사일생
아홉 번 죽을 뻔하다 한 번 살아난다는 뜻으로, 죽을 고비를 여러 번 넘기고 간신히 목숨을 건졌다는 말.

五月

5월

九月

9월

1일

五

다섯 오

오늘의 낱말

五 月
오   월

한 해 열두 달 가운데 다섯째 달

오월은 '계절의 여왕'이라 불립니다. 그만큼 1년 중 가장 활동하기 좋고 아름다운 계절입니다. 봄에 돋아난 새순들이 날로 초록을 더해가고 새빨간 덩굴장미가 아름답습니다. 행복한 오월입니다.

예문 • 드디어 계절의 여왕이라 불리는 오월이 왔다

어휘력 뿜뿜 관용 표현 • **오뉴월** - 오월과 유월을 같이 이를 때 쓰는 말.

관련 사자성어 **三三五五 삼삼오오**
여기저기 몇몇씩 흩어져 있는 모양을 일컫는 말.

31일

怒

성낼 노

오늘의 낱말

몹시 노하여 펄펄 뛰며 화를 냄

怒發大發
노 발 대 발

사람마다 조금은 다르지만 화내는 것의 특징은 순간적으로 폭발하는 모습일 것입니다. 화가 나면 너나 할 것 없이 노발대발하며 화를 내는 듯합니다. 화를 잘 다스리는 사람이 인격자입니다.

예문 • 아빠는 아무것도 아닌 일에 노발대발하며 화를 냈다.

어휘력 뿜뿜 비슷한 말 • 분노, 분개, 노여움, 대로 관용 표현 • 노발대발하다

관련 사자소학 **父母責之 勿怒勿答 부모책지 물노물답**
부모님이 꾸짖으시더라도 화내지 말고 말대답하지 말라.

2일

金

쇠 금, 성씨 김

오늘의 낱말

金錢
금   전

쇠붙이로 만든 돈이라는 뜻으로 돈을 가리킴

사람들은 돈을 참 좋아합니다. 나이가 먹을수록 더 좋아하는 듯합니다. 돈으로는 못할 것이 없다고 생각하니까요. 하지만 돈으로 살 수 없는 것도 많습니다. 그것들은 가치를 따질 수 없으니까요.

예문 · 요사이 금전적으로 많이 쪼들리고 있다.

어 휘 력 뿜 뿜

비슷한 말 · 화폐, 돈

관련 사자성어

一攫千金 일확천금

단번에 천금을 움켜쥔다는 뜻으로, 힘들이지 않고 단번에 많은 돈이나 재물을 얻음을 이르는 말.

30일

幸
다행 행

幸福
행   복

생활에서 기쁨과 만족감을 느껴 흐뭇한 상태

많은 사람이 인생의 목적은 행복한 삶이라고 말합니다. 그런데 정작 행복이 무엇인지 한마디로 말하기 어렵습니다. 나는 어떤 경우에 행복감을 느끼나요? 행복은 조건이 아니라 자신의 선택입니다.

예문 · 같은 일도 나의 선택에 따라 행복과 불행이 결정된다.

어 휘 력 뿜 뿜

비슷한 말 · 기쁨, 희열, 행운, 축복   반대말 · 불행
관용 표현 · 행복이 가득하다, 행복에 젖다

관련 사자성어

千萬多幸 천만다행
아주 다행스러움을 이르는 말로 만만다행(萬萬多幸)도 같은 뜻으로 쓰임.

3일

不

아니 불(부)

오늘의 낱말

不正
부　정

바르지 못하거나 옳지 못함

우리는 어떤 상황을 보고 부정하다고 생각하나요? 남의 물건을 훔치거나 거짓말을 하는 것은 부정한 것입니다. 남을 속이는 것도 부정한 것이겠죠? 그럼 내가 나를 속이는 것은 어떨까요?

예문 · 친구 물건을 훔치는 것은 부정한 짓이다.

어 휘 력 뿜 뿜

비슷한 말 · 잘못, 부당, 부도덕, 부조리, 불의　반대말 · 정직, 공정
동음이의어 · **부정(否定)** - 그렇지 않다고 단정하거나 옳지 않다고 반대함.

관련
사자성어

過猶不及 과유불급
정도를 지나침은 미치지 못한 것과 같다는 뜻으로 적당함의 중요성을 강조한 말.

29일

失

잃을 실

오늘의 낱말

失 手
실   수

조심하지 아니하여 잘못함

집중하지 않고 조심하지 않아서 잘못한 걸 우리는 '실수'라고 말하곤 합니다. 사람은 누구나 실수하기 마련입니다. 실수 없는 사람은 세상에 없습니다. 다만 실수가 반복되지 않도록 노력해야 합니다.

예문 · 시험에서 두 개를 틀렸는데 모두 실수로 틀렸다.

어 휘 력 뿜 뿜

비슷한 말 · 잘못, 오류, 실례, 불찰   반대말 · 완벽
관용 표현 · 사소한 실수, 실수하다

**관련
성어**

失手(실수)투성이
온통 잘못된 일이나 무슨 일이든 제대로 못 하는 사람을 이르는 말.

5월

4일

友

벗 우

오늘의 낱말

友情
우 정

친구 사이의 정

부모님에게 "친구 잘 사귀어라"는 말을 자주 들을 겁니다. 자라면서 나에게 가장 큰 영향을 끼치는 것은 부모님이나 선생님이 아닌 친구니까요. 좋은 친구와 우정을 잘 쌓기를 바랍니다.

예문 • 이번 일로 친구와의 우정에 금이 가지 않을까 걱정이 된다.

어휘력 뿜뿜 비슷한 말 • 우애, 우의, 정

관련 사자성어

竹馬故友 죽마고우

대나무 말을 타고 놀던 옛 친구라는 뜻으로, 어릴 때부터 가깝게 지내며 자란 오래된 친구를 이르는 말.

8월

28일

電
번개 전

充 電
충 전

전기 에너지를 축적하는 일, 휴식하면서 활력을 되찾는 일

배터리를 계속 쓰면 방전이 됩니다. 반드시 충전의 시간이 필요합니다. 힘겨운 일상을 지속하다 보면 방전될 수 있습니다. 방전 되기 전 반드시 충전의 시간을 가지길 바랍니다.

예문 · 핸드폰 충전할 곳을 찾아 이리저리 헤맸다.

어 휘 력 뿜 뿜
비슷한 말 · 축전 반대말 · 방전, 탈진
관용 표현 · 충전되다, 충전하다

관련
속담
번갯불에 콩 볶아 먹겠다.
번쩍하는 번갯불에 콩을 볶아 먹을 만큼 행동이 무척 빠르다는 말로도 쓰이고, 조급하고 안달하는 모습을 이르기도 함.

5일

夏

여름 하

立 夏
입 하

봄이 끝나고 서서히 여름으로 들어서는 절기

이제 봄은 가고 무더운 여름이 오네요. 올여름 무더위와 장마와 태풍 등 여러 어려움이 기다리겠지만 마음 단단히 먹고 건강한 여름을 보내요.

예문 · **여름**이 시작된다는 입하이지만 아직 날씨가 덥지 않다.

어 휘 력 뿜 뿜

동음이의어 · 입하(入荷) - 물건이 들어옴

관련 속담

여름 불도 쬐다 나면 섭섭하다

당장 쓸데없는 것도 막상 없어지면 아쉽다거나 오랫동안 하던 일은 그만두기 어렵다는 말.

27일

軍

군사 군

오늘의 낱말

軍人
군   인

군대에서 복무하는 사람을 통틀어 이르는 말

제복을 입은 군인을 보면 멋있다는 생각이 듭니다. 군인의 멋짐은 규율과 절도에서 나옵니다. 나는 학생입니다. 학생의 멋짐은 무엇이라고 생각하나요? 나는 멋진 학생인가요?

예문 · 우리나라를 지켜주는 군인들께 감사한다.

어 휘 력 뿜 뿜   비슷한 말 · 장병, 병사   낮춤말 · 군바리

관련 성어

獨立軍 독립군

한국이 일본의 식민 통치 시절(1910-1945) 조선의 독립을 위해 싸우던 군인을 이르는 말.

6일

寸

마디 촌

오늘의 낱말

寸數

촌   수

친족 사이의 멀고 가까운 정도를 나타내는 수

촌수는 낮을수록 가까운 관계입니다. 사촌이나 삼촌만 해도 굉장히 가깝죠? 하지만 형제는 이촌입니다. 심지어 부모님과 나는 일촌입니다. 부부는 촌이 아예 없어 무촌 또는 영촌입니다.

예문 · 내 친구와 촌수를 따지니 팔촌 관계였다.

어 휘 력 뿜 뿜   비슷한 말 · **친등** 관용 표현 · **촌수를 따지다**

관련
속담

사촌이 땅을 사면 배가 아프다.

남이 잘되는 것을 기뻐해 주는 대신 질투하고 시기함을 이르는 말.

26일

國

나라 국

오늘의 낱말

國 家
국   가

일정한 영토와 국민과 주권을 가진 집단

흔히 국가의 3요소를 영토, 주권, 국민이라고 말합니다. 이 세 가지가 온전히 갖추어져야 비로소 국가라고 말할 수 있습니다. 우리는 한반도라는 땅에서 국민의 한 사람으로 주권을 가지고 살고 있습니다.

예문 • 내가 살고 있는 국가는 대한민국이다.

 비슷한 말 • 나라, 방가   동음이의어 • 국가(國歌) - 한 나라를 상징하는 노래는 우리나라의 국가는 애국가임.

관련 사자소학

修身齊家 治國之本 수신제가 치국지본

자기 몸을 닦고 집 안을 가지런히 하는 것은 나라를 다스리는 근본이다.

罪

허물 죄

오늘의 낱말

罪 責 感
죄 책 감

저지른 잘못이나 죄에 대해 책임을 느끼는 마음

사람은 죄를 지으면 죄책감을 느끼기 마련입니다. 양심에 찔려 마음이 괴롭고 잠도 잘 오지 않습니다. 죄책감이 깊어지면 몹쓸 병에 걸리기도 합니다. 죄책감은 어떻게 씻어 낼 수 있을까요?

예문 · 그는 한 번의 큰 잘못으로 평생 죄책감에 시달렸다.

어 휘 력 뿜 뿜 ᐧ 비슷한 말 · 죄의식, 죄악감

관련 사자소학 **一欺父母 其罪如山** 일기부모 기죄여산
부모님을 한 번 속이면 그 죄가 산과 같다.

8월

25일

者

놈 자

오늘의 낱말

前 者

전   자

두 가지 사물이나 사람을 말할 때, 먼저 든 사물이나 사람

수박과 포도 중 어떤 것을 더 좋아하나요? 전자는 시원해서 좋고 후자는 새콤달콤해서 좋은가요? 두 과일 모두 이 계절에 맛있게 먹을 수 있어 행복한 계절입니다.

예문 · 친구를 용서할 것인가 복수할 것인가 고민하다 전자를 택했다.

어 휘 력 뿜 뿜　　비슷한 말 · 지난번, 먼젓번, 저번, 전번　　반대말 · 후자

관련 사자소학　　知者不言 言者不知 지자불언 언자부지

진정 아는 사람은 떠들어 대지 않고, 떠들어 대는 사람은 알지 못함.

8일

孝
효도 효

오늘의 낱말

孝道
효   도

자식이 어버이를 공경하고 잘 섬김

오늘은 어버이날입니다. 감사 편지라도 써서 부모님께 드렸나요? 여러분은 효도가 무엇이라고 생각하나요? 사람마다 생각이 다 다를 겁니다. 분명한 것은 효도는 부모님을 기쁘게 해 드리는 것입니다.

예문 · 부모님 마음을 편하는 하는 것이 최고의 효도라고 생각한다.

어 휘 력 뿜 뿜   비슷한 말 · 효성, 효친   반대말 · 불효

관련 사자소학   **爲人子者 曷不爲孝 위인자자 갈불위효**
사람의 자식 된 자가 어찌 효도하지 않을 수 있겠는가?

24일

前

앞 전

오늘의 낱말

事 前
사   전

일이 일어나기 전이나 일을 시작하기 전

이제 개학입니다. 2학기를 잘 보내기 위해 사전 준비를 잘하고 있나요? 준비 없이 맞은 2학기는 1학기보다 좋을 리 없습니다. 사전 준비 중에 가장 중요하고 먼저 해야 할 것은 마음가짐입니다.

예문 • 태풍 피해를 최소화하기 위해서 사전에 대비해야 한다.

어휘력 뿜뿜

동음이의어 • 사전(辭典) - 낱말을 일정한 순서대로 모아 놓은 책.
반대말 • 사후, 사과후   관용 표현 • 사전 준비

관련 사자성어

前無後無 전무후무
전에도 없었고 앞으로도 있을 수 없음.

9일

恩

은혜 은

오늘의 낱말

恩 惠
은   혜

고맙게 베풀어 주는 신세나 혜택

'은혜를 모르는 것은 당나귀'라는 속담이 있습니다. 은혜를 모르는 사람은 사람으로 칠 가치도 없다는 말입니다. 나는 부모님의 은혜를 모르거나 보답하지 않는 당나귀는 아닌지 생각해 보세요.

예문 · 부모님의 은혜는 하늘보다 높고 바다보다 깊다.

어 휘 력 쑥 쑥   비슷한 말 · 은덕, 은공, 혜택, 은총   관용 표현 · 은혜를 받다

관련 사자소학

恩高如天 德厚似地 은고여천 덕후사지

은혜는 높기가 하늘과 같으시고, 덕은 두텁기가 땅과 같으시다. 부모님의 은혜를 두고 이르는 말.

8월

23일

情

뜻 정

오늘의 낱말

情

정

<u>오랫동안 지내면서 생기는 사랑하는 마음이나 친근한 마음</u>

외국 사람들이 한국어를 배울 때 잘 이해하지 못하는 말이 '정 (情)'이라고 합니다. 정은 우리나라 사람들만이 느낄 수 있는 독특한 말이자 문화입니다. 나는 얼마나 정이 있는 사람인가요?

예문 • 이제 정든 친구들과 헤어질 생각을 하니 눈물이 난다.

어휘력 뿜뿜   비슷한 말 • 인정, 우정, 마음, 애정, 감정
관용 표현 • 정들다, 정떨어지다

**관련
속담**   정은 옛정이 좋고 집은 새집이 좋다.
사람은 오래 사귄 사람일수록 정이 깊고 다정하다는 말.

5월

10일

方

모방

오늘의 낱말

方 向
방   향

<u>어떤 곳을 향한 쪽 혹은 일정한 목표를 향하여 나아가는 쪽</u>

방향을 정하지 않고 무작정 길을 걸으면 제자리를 맴돌거나 길을 잃게 됩니다. 우리는 빨리 가는 것을 중요하게 생각하지만 속도보다 중요한 것은 방향입니다. 인생은 속도가 아니라 방향입니다.

예문 • 내가 제대로 된 인생의 방향으로 가고 있는지 살피곤 한다.

어 휘 력 뿜 뿜   비슷한 말 • 방면, 목표, 갈피, 방위

관련
사자성어

天方地軸 천방지축
몹시 급하게 허둥지둥 함부로 날뜀.

8월

22일

愛

사랑 애

오늘의 낱말

愛 情

애   정

사랑하는 마음 혹은 남녀 간에 서로 그리워하는 마음

지금 내가 애정을 쏟고 있는 일은 무엇인가요? 어떤 것에 대한 애정은 어느 순간 나에게 찾아옵니다. 막을 수도 없고 피할 수도 없습니다. 애정을 쏟는 일이 좋은 결과를 맺길 바랍니다.

예문 • 우리 엄마 아빠는 직장 동료로 만나 애정을 느껴 결혼했다.

어 휘 력 뿜 뿜

비슷한 말 • 연정, 사랑, 순정, 우애   반대말 • 미움
관용 표현 • 애정 행각, 애정을 쏟다

**관련
사자성어**

喜怒哀樂 희로애락
사람이 살아가면서 느끼는 네 가지 감정을 이르는 말로 기쁨, 성냄, 슬픔, 즐거움을 이름.

11일

向

향할 향

오늘의 낱말

志向
지   향

뜻을 모아 향하거나 어떤 목표에 뜻이 쏠려 향하는 것

미래지향적인 사람과 과거지향적인 사람이 있습니다. 과거지향적인 사람은 과거에 얽매여 후회하고 앞으로 나아가지 못합니다. 과거는 돌이킬 수 없습니다. 미래를 보고 앞으로 나아가길 바랍니다.

예문 · 우리는 남북의 평화 통일을 지향한다.

어 휘 력 뿜 뿜

비슷한 말 · **방향, 의향**   헷갈리는 말 · **지양**(止揚) - 어떤 것을 하지 아니함.
관용 표현 · **지향하다**

관련 사자성어

向方不知 향방부지
어디가 어디인지 방향을 분간하지 못함.

21일

勇

날쌜 용

오늘의 낱말

勇 氣
용 기

씩씩하고 굳센 기운

살아가면서 용기를 내야 하는 상황이 옵니다. 용기를 내야 하는 상황에서 뒤로 물러나는 것을 비겁하다고 합니다. 용기는 어디서 오는 것이며 어떻게 생기는 것일까요? 용기 있는 사람이 되길 바랍니다.

예문 • 좌절하고 있는 나에게 엄마는 희망과 용기를 불어넣어 주었다.

어 휘 력 뿜 뿜 | 비슷한 말 • 기개, 기백, 용감, 패기
관용 표현 • 용기를 내다

관련 사자성어 | **勇氣百倍 용기백배**
격려나 응원에 자극을 받아 힘이나 용기를 더 냄.

12일

합할 합

오늘의 낱말

合心
합 심

여러 사람이 마음을 한데 합함

여러 사람이 모여 마음을 한데 모으는 것을 합심이라 합니다. 햇빛을 돋보기로 모으면 종이도 태울 수 있습니다. 마찬가지로 여러 사람의 마음이 한데로 모이면 무슨 일이든 할 수 있습니다.

예문 · 내 친구와 나는 합심하여 못된 친구를 혼내 주었다.

어휘력 뿜뿜   비슷한 말 · 협동, 협력, 협심

관련
사자성어

烏合之卒 오합지졸
까마귀가 모인 것 같은 무리라는 뜻으로 임시로 모여들어서 규율이 없고 무질서한 군사나 군중.

入

들입

入學
입 학

공부할 목적으로 학교에 들어감

학교에 입학한 지 얼마나 흘렀나요? 입학이 엊그제 같은데 졸업이 얼마 남지 않았는지도 모르겠습니다. 입학의 설렘과 기대는 가슴에 남기길 바랍니다. 입학의 설렘과 기대가 나를 성장시킵니다.

예문 · 내가 초등학교에 입학한 지 4년이 흘렀다.

어휘력 뿜뿜

비슷한 말 · **입교** 반대말 · **졸업, 퇴학**
관용 표현 · **입학 선물, 입학식**

관련
사자소학

父母出入 每必起立 부모출입 매필기립
부모님이 드나드실 때 매번 반드시 일어서야 한다.

5월

13일

計

계획할 계

오늘의 낱말

計 劃
계 획

장차 벌일 일을 구체적으로 미리 헤아려 구상함

공자는 "인생의 계획은 어릴 때 세우고, 하루의 계획은 아침에 세운다"라고 했습니다. 나는 하루를 얼마나 계획하고 시작하나요? 무계획적으로 살다 보면 후회만 남기 마련입니다.

예문 • 이번 시험에서 좋은 결과를 위해 치밀한 계획을 세웠다.

어휘력 쑥쑥

비슷한 말 • 의도, 작정, 생각, 예정
반대말 • 무계획, 무작정

관련 사자성어

百年大計 백년대계
백 년을 내다보고 먼 뒷날까지 걸쳐 세우는 큰 계획.

19일

閉

닫을 폐

오늘의 낱말

開 閉

개 폐

문 따위를 열고 닫음

출입문이라면 당연히 개폐가 원활하게 되어야 합니다. 만약 열리기만 하고 닫히지 않는다면 혹은 그 반대는 어떨까요? 내 마음의 출입문은 안에서만 열어 줄 수 있습니다.

예문 · 요즘 출입문은 자동 개폐문이 많다.

어 휘 력 뿜 뿜 　 비슷한 말 · 개쇄　 관용 표현 · 개폐 장치, 개폐되다

관련 성어 　**閉場時間** 폐장시간

극장이나 시장, 놀이공원 등에서 문을 닫는 시간. 반대말은 개장시간.

14일

黃

누를 황

오늘의 낱말

黃金
황 금

누런빛의 금, 돈이나 재물을 비유적으로 이르는 말

지금은 돈만 있으면 무엇이든지 마음대로 할 수 있다는 황금만능주의 시대입니다. 여러분도 그렇게 생각하나요? 누런빛의 황금이 좋긴 하겠지만 때론 누런 똥보다 못할 수도 있습니다.

예문 • 게으름을 피우다가 황금 같은 기회를 놓쳤다.

어휘력 뿜뿜   비슷한 말 • 금전, 돈, 재물

관련
사자성어

黃金萬能 황금만능
돈만 있으면 무엇이든지 마음대로 할 수 있음을 이르는 말.

18일

開

열 개

오늘의 낱말

開發
개   발

천연자원 등을 유용하게 만듦, 소질 등을 이끄는 것

석탄을 캐는 광산 개발을 이제 막 시작하면 얼마나 많은 석탄이 나올지 가늠하기 어렵습니다. 여러분이 그렇습니다. 여러분의 인생 개발은 이제 막 시작되었습니다. 잘 개발해서 좋은 결과 있길 바랍니다.

예문 · 이 지역에서는 금광 개발이 한창이다.

어휘력 뿜뿜   비슷한 말 · **계발, 개척**   반대말 · **미개발**
관용 표현 · **능력개발, 개발되다, 개발하다**

관련
성어

能力開發 능력개발
능력을 개척하여 발전시킴.

5월

15일

師

스승 사

오늘의 낱말

師 恩
사   은

스승의 은혜

오늘은 스승의 날입니다. 학창 시절 수백 명의 선생님을 만나게 됩니다. 그중 인생에 좋은 영향을 주는 스승이 있기 마련입니다. 나도 누군가에게 좋은 스승이 되었으면 좋겠습니다.

예문 • 초등학교 때 같은 반이었던 친구들과 사은회를 열기로 했다.

어 휘 력 뿜 뿜   동음이의어 • 사은(謝恩) - 은혜를 감사히 여겨 사례함.

관련
사자성어   **反面教師 반면교사**

다른 사람이나 사물의 부정적인 측면을 보면서 가르침을 얻음을 이르는 말.

17일

功

공공

오늘의 낱말

功勞
공 로

일을 마치거나 목적을 이루는 데 들인 노력과 수고

'공든 탑이 무너지랴'라는 속담이 있습니다. 어떤 일을 공들여 하면 결코 헛되지 않다는 의미입니다. 어떤 일을 공들여 해냈을 때 표창이나 공로패를 받게 됩니다. 나는 어떤 일을 공들여 하고 있나요?

예문 · 우리 아빠는 회사에서 공로를 인정받아 표창을 받았다.

어휘력 뿜뿜   비슷한 말 · 공, 업적, 공적, 공덕   관용 표현 · 공로패, 공로가 크다

관련 속담

공든 탑이 무너지랴.
공들여 쌓은 탑은 무너질 리 없다는 뜻으로, 힘을 다하고 정성을 다한 일은 그 결과가 결코 헛되지 않음.

16일

强

굳셀 강

오늘의 낱말

强弱

강   약

강함과 약함

음악에는 강약이 있기 마련입니다. 강박만 있는 음악이나 약박만 있는 음악은 있을 수 없습니다. 강약이 어우러져야 아름다운 음악을 만들 수 있습니다. 우리의 삶은 강약이 어우러지고 있나요?

예문 · 노래를 부를 때는 강약을 잘 조절해야 한다.

어 휘 력 뿜 뿜   비슷한 말 · 자웅

관련 사자성어

自勝自强 자승자강

자신을 이기는 사람이 진정으로 강한 사람이라는 말.

16일

册

책 책

오늘의 낱말

册

책

책

직접 경험하는 것은 한계가 있습니다. 하지만 책을 읽으면 간접 경험이지만 한계가 없습니다. 책을 통하여 시간과 공간을 넘나들 수 있습니다. 책을 읽은 만큼 자신의 수준이 올라갑니다.

예문 · 나는 책을 읽을 때 소리 내어 읽는 것이 좋다고 생각한다.

어휘력 뿜뿜   비슷한 말 · 서적, 책자, 서책, 도서

관련 사자소학   **書冊狼藉 每必整頓** 서책낭자 매필정돈
책이 함부로 널려 있거든 반드시 정리 정돈을 하라.

17일

弱

약할 약

오늘의 낱말

懦弱
나 약

의지가 굳세지 못하다

우스갯소리로 '나는 약하다'를 줄여 '나약하다'라고 한답니다. 인간은 원래 나약합니다. 쉽게 넘어지고 유혹에 빠지고 결심은 금세 무너지는 것이 인간입니다. 나만 그런 것이 아닙니다. 힘내세요.

예문 · 내 동생은 막내로 자라서 버릇없고 나약하다.

어 휘 력 뿜 뿜

비슷한 말 · 약하다, 여리다, 물렁물렁하다 **반대말** · 강하다, 굳세다
동음이의어 · 약자(略字) - 말의 일부를 생략하여 만든 글자.

관련 사자성어

弱者先手 약자선수
장기나 바둑을 둘 때 약한 사람이 먼저 두는 일.

15일

氣

기운 기

오늘의 낱말

氣勢
기 세

기운차게 뻗치는 모양이나 상태

'싸움은 기세다'라는 말이 있습니다. 싸움에서 기세가 중요하고 기세가 좋은 사람이 이기는 법입니다. 하루를 시작하는 나의 기세는 어떻습니까? 하루의 출발 기세가 좋아야 승리할 수 있습니다.

예문 · 싸우는 두 친구는 양보할 기세가 전혀 보이지 않았다.

어 휘 력 뿜 뿜

비슷한 말 · 힘, 형세
관용 표현 · 기세가 등등하다, 기세를 떨치다

관련 성어

氣勢騰騰 기세등등
기세가 매우 높고 힘찬 모양.

18일

親

친할 친

親舊

친 구

가깝게 오래 사귄 사람

'가깝게 오래 사귄 사람'을 '친구'라고 합니다. 사귄 지 얼마 안 되는 사람은 친구라고 부르기 민망합니다. 길이 멀어야 말의 힘을 알 수 있고, 친구는 오래 사귀어야 그 사람을 알 수 있습니다.

예문 · 그는 어렸을 때부터 나의 둘도 없는 친구이다.

어 휘 력 뿜 뿜 비슷한 말 · 벗, 동무, 교우, 붕우 반대말 · 원수

관련 속담 **친구 따라 강남 간다.**
자기는 하고 싶지 않지만 남에게 끌려서 덩달아 하게 되는 경우를 이르는 말.

14일

活

살 활

오늘의 낱말

活力

활   력

살아 움직이는 힘

살다 보면 힘들어 지칠 때가 있습니다. 이때 자신에게 활력을 주면 다시 일어설 힘을 얻곤 합니다. 작지만 나에게 활력을 주는 것은 무엇인가요? 이런 활력소는 삶의 숨구멍과도 같습니다.

예문 • 맛있는 음식을 가족과 먹는 것이 나의 활력소이다.

어 휘 력 뿜 뿜

비슷한 말 • 활기, 생기, 원기
관용 표현 • 활력이 넘치다, 활력을 되찾다

관련
성어

活力素 활력소
활동하는 힘이 되는 원천.

19일

族

겨레 족

民族
민   족

<u>오랜 세월 같이 살면서 같은 언어, 문화, 역사를 가진 집단</u>

우리나라 사람들은 한민족 의식이 유독 강합니다. 이것이 좋게 나타날 때도 있지만 외국인에게 지나치게 배타적인 태도로 나타나기도 합니다. 민족의 의미를 다시 한 번 생각해 봐야 할 때입니다.

예문 · 한국 전쟁은 우리 민족을 남북으로 갈라놓았다.

어 휘 력 뿜 뿜   비슷한 말 · 동족, 종족, 겨레

관련 사자성어   **白衣民族 백의민족**
예로부터 우리 민족이 흰옷을 즐겨 입었다 하여 우리 한민족을 일컫는 말.

13일

角

뿔 각

오늘의 낱말

直 角

직 각

두 직선이 만나 90도를 이루는 각

수학에서 직각은 많은 것의 기준이 됩니다. 직각이 한 개 있는 삼각형을 직각삼각형, 네 각이 모두 직각인 사각형을 직사각형, 직각보다 큰 각을 둔각, 직각보다 작은 각을 예각이라 합니다.

예문 · 각도기를 이용하여 **직각**을 그렸다.

어휘력 뿜뿜

비슷한 말 · 수직, 바른모
동음이의어 · 직각(直覺) - 보거나 듣는 즉시 곧바로 깨달음.

관련 속담

쇠뿔도 단김에 빼라.

든든히 박힌 소의 뿔을 뽑으려면 단숨에 해치워야 한다는 말로, 무슨 일이든 망설이지 말고 행동에 옮겨야 한다는 뜻.

5월

20일

賢
어질 현

오늘의 낱말

賢 明

현 명

어질고 사리에 밝음

우리는 누구나 현명한 사람이 되기를 원합니다. 하지만 많은 사람이 현명한 사람이 되기보다는 어리석은 사람이 되곤 합니다. 왜 그럴까요? 욕심은 나의 현명함은 잠재우고 어리석음을 깨웁니다.

예문 • 책을 무턱대고 읽으면 현명해지기 어렵다.

어휘력 뿜뿜 비슷한 말 • 명철, 지혜, 슬기 반대말 • 어리석음, 우매함

관련 사자소학 我身不賢 辱及父母 아신불현 욕급부모
내 몸이 어질지 못하면 욕이 부모님께 미친다.

12일

光

빛 광

光 景
光 경

어떤 일이나 현상이 벌어진 형편이나 모양

똑같은 광경도 때에 따라 달라 보입니다. 누구와 보느냐에 따라 달라 보이기도 하고 내 감정에 따라 달라 보이기도 합니다. 내가 오늘 마주하게 될 광경을 마음의 눈으로 잘 살펴보세요.

예문 · 집에 돌아오다가 아주 희한한 광경을 목격했다.

어 휘 력 뿜 뿜

비슷한 말 · 장면, 모습, 모양, 상황
관용 표현 · 보기 드문 광경

관련 사자성어

電光石火 전광석화
번갯불이나 부싯돌의 불이 번쩍이는 것처럼 극히 짧은 시간을 말함.

定

정할 정

오늘의 낱말

約定

약　　정

어떤 일을 약속하여 정함

핸드폰 약정 기간이 끝나기 전에 핸드폰을 바꾸면 위약금을 물어야 합니다. 약속을 어긴 경우 내는 돈을 위약금이라 합니다. 혹시 주변 사람들 혹은 나와 약정한 것을 어긴 것은 없나요?

예문 · 핸드폰 약정 기간이 끝나려면 아직도 한참 남았다.

어휘력 뿜뿜　비슷한 말 · 약속, 계약

관련
사자성어

會者定離 회자정리

만나면 언젠가는 헤어지게 되어 있다는 뜻으로 인생의 무상함과 이별의 아쉬움을 일컫는 말.

8월

11일

感

느낄 감

오늘의 낱말

感情
감　　정

어떤 일이나 현상, 사물에 대하여 느끼는 기분

사람의 감정은 정말 풍부하고 기복이 심합니다. 하루가 지나가면서 내 감정을 잘 살펴보세요. 순간순간 얼마나 많이 바뀌는지를 말입니다. 내 감정을 잘 알고 다스리는 것이 행복의 출발입니다.

예문 · 내 감정도 중요하지만 남의 감정도 존중해야 한다.

 어 휘 력 뿜 뿜

비슷한 말 · 느낌, 기분, 심정, 생각　반대말 · 이성
관용 표현 · 감정을 해치다, 감정을 잡다

 관련 성어

多情多感 다정다감
정이 많아 감성이 풍부함.

5월

22일

평평할 평

오늘의 낱말

平 凡
평　범

뛰어나거나 색다른 점이 없이 보통이다

사람들은 다른 사람들로부터 평범하다는 소릴 듣는 것을 싫어합니다. 평범한 외모나 능력 때문에 고민하고 있을지도 모릅니다. 하지만 평범이 비범을 낳습니다.

예문 · 나는 우리 반에서 그다지 눈에 띄지 않는 평범한 학생이다.

어휘력 뿜뿜　비슷한 말 · 범상하다, 심상하다, 예사롭다
반대말 · 비범하다, 범상치 않다

관련 사자성어　平平凡凡 평평범범
뛰어난 점이 없이 보통임.

8월

10일

食
밥 식

오늘의 낱말

食事
식   사

끼니로 음식을 먹음

식사하는 모습을 보면 얼굴 생김새만큼이나 다양합니다. 골고루 맛있게 먹는 사람, 편식하며 깨작거리는 사람, 정갈하게 먹는 사람, 흘리고 더럽게 먹는 사람 등등. 나의 식사하는 모습은 어떤가요?

예문 · 맛있는 저녁 식사를 차려 주신 엄마께 감사한다.

어휘력 뿜뿜   비슷한 말 · 밥 끼니, 식음, 때   관용 표현 · 식사하다

관련
사자소학   **飮食雖惡 與之必食** 음식수악 여지필식
비록 음식이 거칠더라도 부모님이 주시면 반드시 먹어야 한다.

23일

和

화할 화

오늘의 낱말

溫和

온   화

날씨가 맑고 따듯하며 바람이 부드럽다

나는 온화한 사람입니까? 사납고 거친 사람입니까? 나그네의 옷을 벗긴 것은 강한 바람이 아닌 따뜻한 햇빛이었습니다. 주변 사람에게 온화하게 대해 주세요. 나를 향해 마음의 옷을 벗을 것입니다.

예문 • 꽃이 피는 봄에는 날씨가 온화하다.

어 휘 력 뿜 뿜

비슷한 말 • 온순하다, 어질다, 부드럽다, 따뜻하다
반대말 • 사납다, 거칠다

관련
성어

家和萬事成 가화만사성
집안이 화목하면 모든 일이 잘된다는 말.

8월

9일

밭 전

오늘의 낱말

田園
전   원

논밭과 동산, 도회지에서 떨어진 시골이나 교외를 이름

사람들은 한적하고 낭만이 있는 전원생활을 꿈꾸곤 합니다. 하지만 시골도 들어가 살면 낭만적이지만은 않습니다. 어디에 살든지 감사하면서 사는 것이 행복한 삶이 아닐까요?

예문 • 우리 부모님은 노후에 전원생활을 준비하고 있다.

 어휘력 뿜뿜

비슷한 말 • 시골, 교외 반대말 • 도시, 도회지
동음이의어 • 전원(全員) - 전체 인원 모두.

관련 사자성어

桑田碧海 상전벽해
뽕나무밭이 변하여 푸른 바다가 된다는 뜻으로, 세상이 몰라볼 정도로 많이 바뀐 것을 말함.

24일

體

몸 체

오늘의 낱말

體力

체   력

사람의 몸이 육체적인 활동을 할 수 있는 힘

사람은 체력이 약하면 아무것도 하기 어렵습니다. 체력이 좋아야 뭐든지 의욕적으로 할 수 있고 자신감도 생깁니다. 나의 체력 향상을 위해 꾸준한 운동이 필수입니다.

예문 · 운동을 꾸준히 했더니 체력이 많이 좋아졌다.

─────────────────────────

어 휘 력 뿜 뿜   비슷한 말 · **힘, 원기**   관용 표현 · **체력은 국력**

관련 사자성어   **一心同體** 일심동체
마음을 하나로 합쳐서 한마음 한 몸이 됨을 이르는 말.

8일

秋

가을 추

오늘의 낱말

立 秋
입 추

가을이 들어선다는 절기

아직 너무나 더운데 가을이라니 믿기지 않습니다. 그래도 아침부터 잉잉 울어대는 매미 소리가 가는 여름을 아쉬워하는 소리로 들립니다. 조금만 더 참으세요. 이제 곧 가을입니다.

예문 • 오늘은 내가 가장 좋아하는 가을이 들어선다는 입추다.

어 휘 력 뿜 뿜

비슷한 말 • 가을

동음이의어 • 입추(立錐) - 송곳을 세운다는 의미로 '입추의 여지가 없다'는 사람들이 꽉 들어차찼다는 뜻의 관용어로 많이 쓰임.

관련
속담

입추 때는 벼 자라는 소리에 개가 짖는다.

입추 때는 벼가 한창 자랄 때라 벼가 자라는 소리가 들릴 정도로 매우 빨리 자란다는 의미.

5월

25일

育

기를 육

體育

체 육

일정한 운동 따위를 통하여 신체를 단련시키는 일

국어나 수학 시간은 싫어해도 체육 시간은 손꼽아 기다리는 친구들이 많습니다. 국어나 수학은 공부라고 생각하니 싫은 것이고, 체육은 놀이라고 생각하니 좋은 것은 아닐까요?

예문 • 모든 교과목 중에서 내가 제일 좋아하는 과목은 체육이다.

어 휘 력 쑥 쑥   비슷한 말 • 운동, 체조   관용 표현 • 체육 대회

관련 사자성어

父生母育 부생모육

아버지는 낳게 하고, 어머니는 낳아 길러 주셨다는 뜻으로 부모가 자식을 낳아 길러 주심을 이르는 말.

7일

話

말할 화

오늘의 낱말

說話

설 화

어떤 민족이나 집단에 예로부터 내려오는 이야기

재미있는 옛날이야기 혹시 싫어하는 사람 있나요? 설화를 쉬운 말로 옛날이야기라 합니다. 아이부터 어른까지 옛날이야기를 참 좋아합니다. 가장 좋아하는 설화는 무엇이고 그 이유는 무엇인가요?

예문 • 우리 민족은 유구한 역사만큼이나 많은 설화가 전해져 온다.

어 휘 력 뿜 뿜 | 비슷한 말 • 전설, 옛날이야기, 옛이야기

관련 속담 | **가는 말이 고와야 오는 말이 곱다.**
내가 남에게 말이나 행동을 좋게 해야 남도 나에게 좋게 한다는 말.

26일

競

겨룰 경

오늘의 낱말

競 爭
경   쟁

같은 목적에 대해 이기거나 앞서려고 서로 겨룸

선의의 경쟁은 나를 발전시키는 데 도움이 되기도 하지만 지나친 경쟁은 나를 망치기도 합니다. 나는 어느 것에서 경쟁에서 이기고 싶나요? 선의의 경쟁을 하세요.

예문 · 달리기만큼은 우리 반에서 내 경쟁 상대가 없다.

어 휘 력 뿜 뿜   비슷한 말 · 다툼, 전쟁, 경합   관용 표현 · 선의의 경쟁

관련
사자성어

生存競爭 생존경쟁
살아 남기 위해 먹이나 사는 곳 따위를 놓고 서로 차지하려고 하는 다툼을 말함.

6일

對
대답할 대

오늘의 낱말

對話
대   화

마주 대하여 이야기를 주고받음

말하고 대답하는 것을 일러 대화라고 합니다. 말하는 것이 서툴거나 듣는 것이 서툴면 대화는 잘되지 않습니다. 나는 말하기와 듣기 중에 어떤 것이 더 문제라고 생각하나요?

예문 · 할아버지와는 세대 차가 느껴지지 않을 만큼 대화가 잘 통한다.

어 휘 력 뿜 뿜

비슷한 말 · 이야기, 대담, 회화, 문답   반대말 · 혼잣말, 독백
관용 표현 · 대화가 통하다

**관련
사자성어**

刮目相對 괄목상대

눈을 비비고 상대방을 대한다는 뜻으로 다른 사람의 학식이나 재주가 크게 진보해 눈을 비비고 봐야 한다는 말.

27일

爭

다툴 쟁

오늘의 낱말

競爭
경   쟁

같은 목적에 대해 이기거나 앞서려고 서로 겨룸

다른 사람과의 경쟁은 정말 힘듭니다. 나를 지치게 만듭니다. 세상은 다른 사람과의 경쟁에서 이기라고 가르치지만 그러지 마세요. 다른 사람을 이기려고 애쓰지 말고 나 자신을 이기려고 애쓰세요.

예문 · 친구들과의 경쟁은 나를 정말 힘겹게 한다.

  어 휘 력 뿜 뿜   비슷한 말 · 다툼, 경합

관련
사자성어

骨肉相爭 골육상쟁

뼈와 살이 서로 다툼이란 뜻으로, 형제나 같은 민족끼리 서로 다툼을 말함.

8월

5일

場

마당 장

廣 場
광 장

많은 사람이 모일 수 있게 만들어 놓은 넓은 빈터

월드컵 축구 경기 등이 있을 때 우리는 광장에 모여 응원전을 펼치곤 합니다. 많은 사람이 모이면 무슨 일이 벌어져도 벌어집니다. 사람이 모인다는 것은 마음이 모이기 때문입니다.

예문 • 광화문 광장에서 이순신 장군과 세종대왕 동상을 보았다.

어 휘 력 뿜 뿜

비슷한 말 • 장소, 공간, 자리, 아고라
관용 표현 • 광화문 광장, 대화의 광장

관련 사자성어

一場春夢 일장춘몽
한바탕의 봄 꿈이라는 뜻으로, 헛된 영화나 덧없는 일과 같은 인생의 허무함을 비유하여 이르는 말.

28일

未

아닐 미

오늘의 낱말

未來
미 래

아직 오지 않은, 앞으로 올 날이나 때

앞으로 올 날이긴 하지만 아직 오지 않은 때를 미래라고 합니다. 미래의 모습이 궁금하다면 현재를 보면 됩니다. 아직 오지 않은 미래보다 내가 살고 있는 현재가 훨씬 더 중요합니다.

예문 · 미래는 희망차지만 불확실하기에 현실에 최선을 다한다.

어 휘 력 뿜 뿜 비슷한 말 · 장래, 앞길, 훗날, 내일   반대말 · 과거

관련 사자성어 **前代未聞 전대미문**
이제까지 들은 적이 없다는 뜻으로, 매우 놀랍거나 새로운 일을 이르는 말.

8월

4일

市

저자 시

오늘의 낱말

市 場
시   장

여러 가지 상품을 사고파는 일정한 장소

'저자'는 시장의 옛말입니다. 도시 사는 친구들은 시장보다는 마트가 더 친숙하겠네요. 시장에서 물건을 사다 보면 값을 깎는 '에누리'도 있고, 물건을 조금 더 얹어 주는 '덤'도 경험할 수 있습니다.

예문 · 우리 가족은 주말에 전통 시장에 들러 물건을 사곤 한다.

어 휘 력 뿜 뿜   비슷한 말 · 장, 저자, 장시   동음이의어 · 시장 - 배가 고픔.

관련 사자성어   **門前成市 문전성시**
대문 앞이 저자를 이룬다는 뜻으로, 권세가나 부잣집 앞에 방문객이 많음을 이르는 말.

29일

來

올 래

오늘의 낱말

來 日
내 일

<u>오늘의 바로 다음에 오는 날</u>

어제는 아득하고 오늘은 낯설고 내일은 두렵기만 한 것이 사람입니다. 내일은 내가 생각한 대로 펼쳐지지는 않지만 내가 생각한 그 이상으로 펼쳐지기도 합니다. 멋진 내일을 꿈꿔보세요.

예문 • 내일부터 시험이 시작되니 열심히 공부해야 한다.

어 휘 력 뿜 뿜

비슷한 말 • 앞날, 명일, 다음 날, 이튿날
반대말 • 어제

관련
사자성어

苦盡甘來 고진감래
쓴 것이 다하면 단 것이 온다는 뜻으로, 고생 끝에 낙이 온다는 말.

3일

住

살 주

오늘의 낱말

住所

주 소

사람이 살고 있는 곳이나 실질적으로 생활의 근거가 되는 곳

내가 사는 곳은 어디인가요? 혹시 내가 사는 곳의 주소도 모르진 않겠죠? 내가 어디 사는지도 중요하지만 누구와 사는지가 중요하고 어떻게 살아가는지가 더 중요하지 않을까요?

예문 · 그 친구가 어디 사는지 주소를 아는 사람이 없다.

어 휘 력 뿜 뿜

비슷한 말 · 거소, 소재지, 거주지, 주소지

관련 사자성어

去住兩難 거주양난

가야 할지 머물러야 할지 결정하기 어려운 상황을 이르는 말.

30일

冷

찰 냉

오늘의 낱말

冷 冷
냉 랭

<u>온도가 몹시 낮아서 차거나 태도가 정답지 않고 차가움</u>

목욕탕에서 냉탕과 온탕을 번갈아 들어가는 것이 건강에 좋다고
합니다. 인생도 그렇습니다. 좋은 일만 계속 일어나면 좋은 줄 모릅
니다. 좋은 일과 궂은일이 번갈아 일어나는 것이 유익합니다.

예문 · 사우나에서 땀을 흘린 후 냉랭한 냉탕에 들어가니 너무 개운하다.

어 휘 력 뿜 뿜

비슷한 말 · 쌀쌀하다, 냉담하다, 차갑다
반대말 · 따뜻하다   관용 표현 · 냉랭한 관계

관련
사자성어

寒冷前線 한랭전선
차가운 공기가 따뜻한 공기를 밀어 올리면서 생기는 전선.

2일

知

알 지

知識
지   식

어떤 대상에 대해 배우거나 실천을 통해 알게 된 것

자신이 알고 있는 대로 행동하지 않는다면 그것은 아는 것일까요? 아니면 모르는 것일까요? '욕을 하지 말아야 한다'는 지식을 몰라 욕을 하는 사람은 없을 것입니다. 안다는 것은 무엇일까요?

예문 · 나는 여름방학에 지식을 쌓기 위해 독서를 많이 한다.

어 휘 력 뿜 뿜　　비슷한 말 · 정보, 상식, 지성　관용 표현 · 지식을 쌓다, 사전 지식

관련 사자소학　　見善從之 知過必改 견선종지 지과필개

착함을 보면 이를 따르고, 허물을 알면 반드시 고쳐라.

溫

따뜻할 온

오늘의 낱말

溫湯
온 탕

따뜻한 물이 들어 있는 탕

온탕의 온도는 40도 정도입니다. 온탕보다 훨씬 뜨거운 열탕은 42도 정도입니다. 엄청난 차이가 날 것 같지만 2도 밖에 차이가 나지 않습니다. 작은 차이가 큰 차이를 만듭니다.

예문 · 온탕에서 땀을 흠뻑 흘린 후 냉탕에 들어가니 너무 개운하다.

어 휘 력 뿜 뿜   반대말 · 냉탕

관련 성어

溫故知新 온고지신
옛것을 익히고 그것을 미루어서 새것을 앎이라는 뜻으로, 옛것을 먼저 제대로 알고 익혀야 한다는 말.

8월

1일

여덟 팔

八 月

팔 　 월

한 해 열두 달 가운데 여덟째 달

더워도 너무 더운 팔월입니다. '열대야' 때문에 밤잠도 설치곤 합니다. 간간이 들려오는 매미 소리가 정겹게 들리기도 하네요. 조금만 참으면 이제 곧 가을입니다. 힘내세요.

예문 · 우리 가족의 생일은 모두 팔월에 모여 있다.

어 휘 력 뿜 뿜

관용 표현 · 오월 농부 팔월 신선 - 여름내 애써 농사지으면 월에는 편한 신세가 된다는 말.

관련
사자성어

四方八方 사방팔방

여기저기 모든 방향이나 방면을 일컫는 말.

月

8월

1일

六

여섯 육

오늘의 낱말

六 月

유   월

한 해 열두 달 가운데 여섯째 달로 '유월'이 표준어임

꽃 피는 봄은 가고 이제 무더운 여름으로 치닫는 유월의 시작입니다. 그새 한 해의 절반이 지나가고 있습니다. 점점 더워지는 날씨에 힘들어지겠지만 하루하루 최선을 다하기를 다짐해 봅니다.

예문 · 장마가 시작되는 유월을 건강하게 잘 지내야겠다.

어 휘 력 뿜 뿜   동음이의어 · 유월(踰越) - 한도를 넘어가다.

관련
속담

유월 장마에 돌도 큰다.

유월에 장맛비가 올 때는 농작물이 매우 잘 자란다는 말.

31일

別

나눌 별

오늘의 낱말

作 別

작 별

인사를 나누고 헤어짐

오늘로 칠월과도 작별의 인사를 나눠야 합니다. 시간이 참 빠르죠. 작별하는 칠월에게 뭐라고 작별 인사를 하고 싶나요? 다시는 못 만 날 칠월에게 작별의 인사를 건네면서 오늘 하루 후회 없이 살아봐요.

예문 · 친구와 작별 인사도 제대로 못 나누고 헤어졌다.

 어 휘 력 뿜 뿜   비슷한 말 · 이별, 석별, 고별   반대말 · 만남

관련 속담   정들자 이별.
만난 지 얼마 안 되어 곧 헤어진다는 말.

2일

土

흙 토

오늘의 낱말

土 壤
토   양

지구의 표면을 덮고 있는 흙, 식물에 영양을 공급한다

토양이 좋은 곳에 심은 식물은 튼튼하게 자라고 열매도 잘 맺습니다. 사람의 인성도 토양과 같습니다. 인성이 좋은 사람은 주변 사람을 행복하게 하고 좋은 열매들을 맺게 도와줍니다.

예문 • 비옥한 토양에서 자란 식물은 많은 수확물을 거둘 수 있다.

어 휘 력 뿜 뿜 비슷한 말 • 흙, 땅

관련
사자성어

身土不二 신토불이
몸과 태어난 땅은 하나라는 뜻으로, 제 땅에서 자란 농산물이 체질에 잘 맞는다는 말.

7월

30일

特

특별할 특

오늘의 낱말

特別

특   별

일반적인 것과 아주 다름

세상에 나와 똑같이 생긴 사람은 한 명도 없습니다. 나는 세상에 둘도 없는 매우 특별한 존재입니다. 남을 따라 하지 마세요. 가장 나답게 말하고 행동하세요. 그게 가장 멋집니다.

예문 · 이 식당은 매일 주방장이 추천하는 특별 메뉴가 있다.

어 휘 력 뿜 뿜

비슷한 말 · 특수, 유별, 각별, 독특 반대말 · 보통, 평범
관용 표현 · 특별 대우

**관련
사자성어**

大書特筆 대서특필
어떤 일을 특별히 두드러지게 나타내려고 큰 글자로 쓴다는 뜻으로, 신문 따위에서 어떤 사건을 큰 비중으로 다루는 것을 이르는 말.

6월

3일

草

풀초

오늘의 낱말

雜 草

잡　　초

잡스러운 풀

우리는 흔히 자기가 모르는 풀은 잡초라고 부르곤 합니다. 하지만 잡초도 관심을 가지고 오래 보면 사랑스럽습니다. 당신도 그렇습니다.

예문 · 텃밭에 잡초가 무성하게 자라고 있다.

어 휘 력 뿜 뿜　비슷한 말 · 풀, 잡풀, 푸새, 김

관련 사자성어

山川草木 산천초목
산과 내와 풀과 나무라는 뜻으로, 자연을 일컫는 말.

7월

29일

集

모일 집

오늘의 낱말

集 中

집   중

한 가지 일에 힘을 쏟아부음

집중력이 좋은 사람이 있는가 하면 그렇지 못한 사람도 있습니다. 집중력은 타고나는 것이 아닙니다. 끊임없이 연습하고 훈련해야 합니다. 집중력이 경쟁력입니다.

예문 · 수업 시간에 집중한 이후로 성적이 좋아졌다.

어 휘 력 뿜 뿜

비슷한 말 · 열중, 몰입, 몰두   반대말 · 산만
관용 표현 · 정신 집중

관련 사자성어

離合集散 이합집산

헤어졌다가 만나고 모였다가 흩어진다는 뜻으로, 서로 이익이나 목적에 따라 무리를 이루고 쉽게 관계를 끊는 모습을 말함.

米

쌀 미

米穀
미   곡

쌀을 비롯한 여러 가지 곡식

미곡은 쌀과 여러 곡식을 이르는 말입니다. 미곡 중에서도 쌀은 우리나라 사람들의 주식입니다. 한 끼 밥을 대할 때마다 쌀을 생산한 농부와 밥을 차려 주신 부모님께 감사하는 마음을 잊지 맙시다.

예문 · 가을걷이를 끝낸 농부는 쌀을 미곡 창고에 넣어 두었다.

어휘력 뿜뿜   비슷한 말 · 쌀, 곡식

관련
속담

밥이 약보다 낫다.
약이 아무리 몸에 좋아도 밥을 잘 먹는 것이 몸에 더 좋다는 말.

28일

窓

창 창

오늘의 낱말

窓門
창   문

공기나 햇빛을 받을 수 있고, 밖을 내다볼 수 있도록 낸 문

사람들은 넓은 창문을 통해 밖을 내다보는 것을 좋아합니다. 하지만 창문이 깨끗하지 않다면 어떨까요? 세상이 온통 지저분해 보일 것입니다. 내 마음의 창문은 어떤가요?

예문 · 아침에 일어나서 창문을 열고 환기를 시킨다.

어 휘 력 뿜 뿜   비슷한 말 · 창, 창호

관련 성어

남으로 창을 내겠소.

김상용 시인의 「남으로 창을 내겠소」라는 시로 유명해진 구절로 이 시는 '남으로 창을 내겠소'로 시작해서 '왜 사냐면 웃지요'로 끝남.

6월

5일

半

반 반

오늘의 낱말

折半

절 반

__하나를 반으로 가름__

어느덧 올해의 절반이 지나가고 있습니다. 세월 참 빠릅니다. 나머지 절반의 기간은 더 빨리 갈 것입니다. 정신을 차리지 않으면 후회만 남는 시간이 될 수 있습니다.

예문 · 그는 1년의 절반 이상을 해외에서 지낸다.

어 휘 력 뿜 뿜   비슷한 말 · 반, 반절, 반반   관용 표현 · 절반으로 나누다

관련
사자성어

半生半死 반생반사
반은 살았고 반은 죽었다는 뜻으로, 거의 죽게 되어 생사를 알 수 없는 지경에 이른 것을 말함.

27일

동산 원

오늘의 낱말

庭園
정 원

집 안에 있는 뜰이나 꽃밭

아름다운 정원이 있는 집은 누구나 꿈꾸는 집입니다. 하지만 정원을 가꾸는 일은 쉽지 않습니다. 방치된 정원처럼 보기 흉한 것도 없습니다. 혹시 나의 인생 정원도 방치되어 있지는 않은가요?

예문 · 정원이 있는 집에서 사는 것이 나의 소원이다.

어 휘 력 뿜 뿜   비슷한 말 · 뜰, 마당, 원정   관용 표현 · 정원을 가꾸다

관련 성어

에덴 동산

성경 창세기에 나오는 동산으로 하나님이 인간을 위해 만든 낙원이지만 선악과를 먹지 말라는 하나님의 명령을 어겨 추방된 동산.

굽을 곡

오늘의 낱말

曲 解
곡 해

사실과 어긋나게 잘못 이해하다

내 뜻과는 다르게 받아들이고 내 말을 오해하는 것을 일러 '곡해한다'고 말합니다. 곡해의 경험은 누구나 다 있습니다. 남이 나를 곡해할 때 나는 어떤 방식으로 풀어야 할까요?

예문 · 친구는 내 말을 잘못 이해하고 서로 곡해가 생겼다.

어 휘 력 뿜 뿜 비슷한 말 · 오해, 왜곡 관용 표현 · 곡해하다, 곡해가 생기다

관련 사자성어

不問曲直 불문곡직
굽음과 곧음을 묻지 않는다는 뜻으로, 옳고 그름을 따지지 않고 함부로 일을 처리하는 것을 말함.

26일

病

병 병

오늘의 낱말

疾病

질   병

몸의 온갖 병

모든 질병에는 원인과 치료법이 있기 마련입니다. 내가 감기에 잘 걸린다면 분명 그 원인이 있을 겁니다. 원인을 자각하고 제거만 해도 이미 치료는 시작된 것이나 다름없습니다.

예문 • 나는 커서 사람들의 질병을 치료하는 의사가 되고 싶다.

어 휘 력 뿜 뿜   비슷한 말 • 질환, 병, 신병   관용 표현 • 질병에 걸리다

관련 사자성어

生老病死 생로병사

사람이 반드시 겪어야 하는, 태어나고 늙고 병들고 죽는 네 가지 큰 고통을 이르는 말.

7일

線

줄 선

오늘의 낱말

路線

노 선

버스나 기차 따위가 일정하게 오고 가는 정해진 길

개인이나 조직 따위가 일정한 목표로 나아가기 위해 따르는 활동 방침을 뜻하기도 합니다. 내 입장이나 노선을 분명하게 하지 않아서 곤란한 상황을 겪은 적이 있나요? 사람들은 흑백 논리를 좋아합니다. 하지만 세상 많은 일이 칼로 무 자르듯 단정 지을 수 없습니다.

예문 • 친구들이 내 노선을 정확하게 말하라고 다그쳤다.

어 휘 력 뿜 뿜 　비슷한 말 • 선로, 생각, 방　관용 표현 • 버스 노선, 정치 노선

관련 성어　**脫線行爲 탈선행위**
선을 벗어난 행위라는 뜻으로 일반적인 상식이나 규칙을 벗어난 행위를 말함.

25일

昨

어제 작

오늘의 낱말

昨日

작   일

오늘의 바로 전날

나의 작일은 어땠나요? 후회로 가득 찼나요? 아니면 후회 없이 잘 보냈나요? 시간은 흐르는 강물과 같습니다. 이미 흘러간 강물에 발을 두 번 담글 수 없습니다. 오늘은 나에게 주어진 최고의 선물입니다.

예문 · 작일에 했던 결심이 금일에 벌써 흐지부지되려고 한다.

어 휘 력 뿜 뿜   비슷한 말 · 어제, 어저께 반대말 · 내일, 명일

관련
속담

어제 보던 손님.

처음 만나지만 오래 만난 사람처럼 친한 사이가 된 사람을 비유적으로 이르는 말.

8일

遠

멀 원

오늘의 낱말

疏遠
소 원

지내는 사이가 두텁지 아니하고 서먹서먹하다

예전에는 친했지만 지금은 소원해져 관계가 서먹서먹해진 친구가 있나요? 자주 보지 않으면 관계가 소원해지기 마련입니다. 관계가 소원해진 친구에게 오늘 먼저 다가가 보면 어떨까요?

예문 · 예전에는 그 친구와 단짝이었는데 지금은 소원해졌다.

어 휘 력 뿜 뿜

비슷한 말 · 서먹서먹하다, 멀다
반대말 · **친밀하다**   동음이의어 · 소원(所願)하다 - 바라고 원하다.

관련 속담

길이 멀어야 말의 힘을 알 수 있듯이,
사람의 마음은 오랫동안 지내봐야 알 수 있다.

사람의 마음은 알기 어렵고 오래 사귄 사람이 낫다는 말.

7월

24일

今

이제 금

오늘의 낱말

今 日
금   일

지금 지나고 있는 이날

어제, 오늘, 내일을 한자어로는 작일(昨日), 금일(今日), 명일(明日)이라 합니다. 지금 지나고 있는 오늘이 금일입니다. 다시는 돌아오지 않고 고칠 수 없는 금일을 후회 없이 살아 보아요.

예문 · 금일 안으로 꼭 해야 하는 숙제가 있다.

어 휘 력 뿜 뿜

비슷한 말 · 오늘, 요사이, 요즈음

**관련
사자성어**

今始初聞 금시초문

이제야 비로소 처음 들음.

6월

9일

近

가까울 근

오늘의 낱말

원   **근**

멀고 가까움

그림을 그릴 때 멀고 가까운 느낌, 즉 원근감을 잘 표현하면 잘 그린 그림처럼 보입니다. 가까운 사물은 진하고 자세하게 그리고 멀리 있는 사물은 흐릿하고 작게 표현합니다.

예문 · 원근감을 잘 살려 그린 그림은 실제처럼 보인다.

어 휘 력 뿜 뿜

비슷한 말 · 멀고 가까움
관용 표현 · 원근법 - 그림을 그릴 때 멀고 가까운 거리감이 드러나게 표현하는 방법.

**관련
사자성어**

遠近各處 원근각처
먼 곳과 가까운 곳, 각각의 곳이라는 뜻으로, 곳곳을 가리키는 말.

23일

路

길 로

오늘의 낱말

大路

대   로

크고 넓은 길

대로는 많은 사람이나 차가 다니는 길입니다. 하지만 많은 사람이 걷는 길이라 해서 그것이 모두 옳은 길은 아닙니다. 오히려 남들은 가기 싫어하고 찾지 않는 작은 길이 맞는 길일 수도 있습니다.

예문 · 대로변으로 나오니 사람들과 차로 넘쳐났다.

어휘력 뿜뿜

비슷한 말 · 큰길, 대도, 신작로
반대말 · 소로

**관련
성어**

君子大路行 군자대로행
군자는 큰길로 간다는 뜻으로, 군자는 작은 이익을 위해 약삭빠른 짓을 하지 않는다는 말.

10일

兄

맏 형

오늘의 낱말

兄 弟
형   제

형과 아우를 아울러 이르는 말

요즈음은 외아들과 외동딸이 대부분입니다. 이런 속도로 가면 형제라는 우리말은 곧 사라질지도 모르겠습니다. 혼자서는 절대 느낄 수 없는 형제만의 정이 있습니다. 형제끼리 행복하게 지내길 바랍니다.

예문 · 그는 삼 형제 중 막내로 태어났다.

어 휘 력 뿜 뿜   비슷한 말 · 동기, 곤제, 형제자매   반대말 · 자매(姉妹)

관련 사자소학   **兄弟和睦 父母喜之** 형제화목 부모희지
형과 아우가 화목하면 부모님이 기뻐하신다.

22일

道

길 도

오늘의 낱말

道理
도   리

사람이 어떤 입장에서 마땅히 행하여야 할 바른 길

사람이 나이를 먹는다는 것은 마땅히 지켜야 할 도리를 배워 가는 것이라 할 수 있습니다. 친한 친구나 부모님께 지켜야 할 도리는 무엇인가요? 도리를 알고 그렇게 사는 사람이 훌륭한 사람입니다.

예문 · 친구를 따돌리는 것은 사람의 도리에 어긋난다.

어휘력 뿜뿜

비슷한 말 · 방법, 길, 법
관용 표현 · 도리에 어긋나다

관련 사자성어

安貧樂道 안빈낙도
가난 속에서도 평안한 마음으로 도를 지키며 즐김.

11일

망할 망

오늘의 낱말

亡 身
망 신

말이나 행동을 잘못하여 지위, 명예, 체면 따위를 손상함

누군가에게 망신당한 적이 있나요? 망신당할 때 한없이 부끄러워지고 창피한 기분이 듭니다. 다른 사람으로부터 망신을 당하거나 망신을 주는 일도 없는 인생이 되길 바랍니다.

예문 · 나는 친구에게 망신을 톡톡히 당했다.

어 휘 력 뿜 뿜   비슷한 말 · 창피, 부끄러움   관용 표현 · 망신을 당하다

관련 속담   **망신하려면 아버지 이름자도 안 나온다.**
망신을 당하려면 내내 잘되던 일도 안 된다는 말.

21일

號

부르짖을 호

오늘의 낱말

號令
호   령

지휘하여 명령하거나 큰소리로 꾸짖음

'호(號)'자는 호랑이(虎)가 부르짖는다는 뜻을 지닌 글자입니다. 호령은 호랑이가 부르짖듯이 큰소리로 명령하거나 꾸짖는 것을 말합니다. 하지만 상대방을 꾸짖을 때는 차근차근 말해 주세요.

예문 · 장군의 호령 소리에 적들은 기가 질렸다.

어휘력 뿜뿜

비슷한 말 · 호통, 명령 질타
관용 표현 · 불호령하다

관련
속담

호랑이 없는 골에 토끼가 왕 노릇 한다.
힘세고 뛰어난 사람이 없는 곳에서 보잘것없는 사람이 권력을 갖고 왕 노릇을 한다는 말.

12일

林

수풀 림

오늘의 낱말

山林

산   림

수목이 집단으로 생육하고 있는 산이나 숲

산림을 보면 곧은 나무, 굽은 나무, 큰 나무, 작은 나무 등이 모여 빽빽한 숲을 이루어 살아갑니다. 우리 인간도 각양각색의 사람들이 어울려 살아가는 존재입니다.

예문 · 강원도는 울창한 산림을 자랑하는 지역이다.

- -

어휘력 뿜뿜   비슷한 말 · 수풀, 숲, 삼림

관련 속담

산림도 청으로 하는 수가 있다.

남이 추천해서 오를 수 있는 자리에 자기 스스로 추천을 받아 감을 비꼬는 말.

7월

20일

記

기록할 기

오늘의 낱말

日 記
일   기

<u>그날그날 겪은 일이나 생각, 느낌 따위를 적는 개인의 기록</u>

일기를 쓰는 사람과 그렇지 않은 사람은 큰 차이가 납니다. 일기를 쓰는 사람이 좀 더 나은 삶을 살아갈 수 있습니다. 일기를 쓰면서 좀 더 나은 내가 되기 위해 노력하기 때문입니다.

예문 · 나는 매일 일기를 쓰면서 글쓰기 솜씨가 부쩍 늘었다.

어 휘 력 뿜 뿜 　비슷한 말 · 일지, 일기장, 다이어리
동음이의어 · 일기(日氣) - 그날그날의 날씨.

관련 성어

亂中日記 난중일기

이순신 장군이 임진왜란 7년 동안 일본군과 싸우면서 군중에서 쓴 일기로 2013년 유네스코 세계기록유산으로 등재되어 있음.

13일

業
일업

學 業
학 업

공부하여 학문을 닦는 일

학업을 계속하고 싶지만 여건이 되지 않아 포기할 수밖에 없는 사람도 많습니다. 하지만 학업을 이어 가는 데 가장 큰 방해가 되는 것은 '나 자신'이 될 수도 있습니다.

예문 · 그는 어려운 환경에서도 학업을 중단하지 않고 마쳤다.

어 휘 력 뿜 뿜

비슷한 말 · 공부, 학문, 학습
관용 표현 · 학업을 마치다, 학업을 이어 가다

관련
사자성어

學業精進 학업정진
배우는 일에 정성을 다해 몰두함.

7월

19일

備

갖출 비

오늘의 낱말

待備

대 비

앞으로 일어날지도 모르는 일에 대응하기 위해 준비함

지금 공부를 열심히 하는 것은 나의 미래를 대비하기 위한 것입니다. 대비하는 것보다 더 중요한 것이 있는데 바로 나의 미래에 대한 기대감입니다. 불안감에 휩싸여 대비하는 현실은 괴로울 뿐입니다.

예문 • 수학 시험에 대비하기 위해 매일 수학 공부를 하고 있다.

어휘력 뿜뿜

비슷한 말 • 준비, 채비, 잡도리
관용 표현 • 대비하다, 노후 대비

관련 사자성어

有備無患 유비무환
준비가 있으면 근심이 없다는 뜻으로 미리 준비가 되어 있으면 우환(걱정)을 당하지 않는다는 말.

14일

海

바다 해

오늘의 낱말

海洋

해   양

넓고 큰 바다

해양 생태계가 날로 위협받고 있습니다. 인간들이 육지에서 쓰고 버리는 쓰레기로 인해 해양 생태계가 망가지고 있는 것입니다. 해양 생태계가 오염되면 육지에 살고 있는 인간도 살기 어렵습니다.

예문 · 우리나라는 대륙과 해양으로 진출할 수 있는 반도 국가이다.

어 휘 력 뿜 뿜   비슷한 말 · 대양   반대말 · 육지

관련 사자성어

人山人海 인산인해
사람의 산과 사람의 바다라는 뜻으로, 사람이 헤아릴 수 없이 많이 모인 상태를 이름.

18일

期

기약할 기

오늘의 낱말

期待

기   대

어떤 일이 원하는 대로 이루어지기를 바라면서 기다림

미래에 대한 기대와 소망이 없다면 현재가 얼마나 지루하고 힘들까요? 기대가 있다는 것은 살아 있다는 증거입니다. 나는 어떤 기대를 하면서 살아가고 있나요? 기대가 현실이 되길 바랍니다.

예문 · 기대가 크면 실망도 큰 법이지만 기대 없이 살아갈 순 없다.

어 휘 력 뿜 뿜

비슷한 말 · 바람, 희망, 소망, 요망, 촉망
관용 표현 · 기대를 걸다

관련
사자성어

一期一會 일기일회

지금 이 순간은 생애 단 한 번의 시간이며, 지금 만남은 생애 단 한 번의 인연이 된다는 말.

15일

바다 양

오늘의 낱말

大洋
대   양

큰 바다, 태평양, 대서양, 인도양, 남극, 북극을 오대양이라 함

흔히 부모님의 은혜를 '바다 같은 은혜'라고 말하곤 합니다. 바다가 얼마나 넓고 깊은지 우리는 상상조차 할 수 없습니다. 부모님의 사랑이 그렇다는 것입니다.

예문 · 큰 바다를 이르는 대양에는 오대양이 대표적이다.

어휘력 뿜뿜   비슷한 말 · 큰 바다, 해양

관련 속담   바다는 메워도 사람의 욕심은 못 채운다.

아무리 넓고 깊은 바다도 메울 수 있지만, 사람의 욕심은 끝이 없어 메울 수 없다는 뜻.

17일

頭

머리 두

오늘의 낱말

頭 緒
두 서

일의 차례나 갈피

얽힌 실타래를 풀 때 실타래의 시작을 잡아서 풀어야 합니다. 실타래의 시작을 잡는 것을 '두서가 잡히다'라고 말합니다. 어떤 일이 꼬일 때 어디서부터 일이 꼬였는지를 생각하고 풀어 보세요.

예문 • 내 친구는 너무 화가 났는지 두서없이 말을 했다.

어휘력 뿜뿜
비슷한 말 • 갈피, 맥락, 짜임새
관용 표현 • **두서없다** - 일의 차례나 갈피를 잡을 수 없다.

관련 사자성어
龍頭蛇尾 용두사미
머리는 용이나 꼬리는 뱀이라는 뜻으로, 처음은 좋으나 끝이 좋지 않음을 비유적으로 이르는 말.

16일

工

장인 공

오늘의 낱말

工 夫
공 부

학문이나 기술을 배우고 익힘

여러분은 공부를 업으로 하는 학생입니다. 공부를 얼마나 좋아하나요? 공부를 열심히 하고 있나요? 공부는 힘들고 어렵습니다. 하지만 사람은 죽을 때까지 배워야 하는 존재임을 기억하세요.

예문 · 공부는 늙어 죽을 때까지 해도 다 못한다.

어 휘 력 뿜 뿜 · 비슷한 말 · 학업, 학습, 수학

관련 사자소학 **勤勉工夫 父母悅之** 근면공부 부모열지
부지런히 공부하면, 부모님께서 기뻐하신다.

7월

16일

放

놓을 방

오늘의 낱말

放 學
방 학

학기나 학년이 끝난 뒤 수업을 일정 기간 쉬는 일

이제 곧 여름방학이 다가옵니다. 아무 계획 없이 방학을 맞이하면 한 달이나 되는 방학이 허무하게 흘러갑니다. 방학 계획을 꼭 세워 보세요. 준비한 만큼 기대감이 생기는 법입니다.

예문 • 나는 이번 여름방학에 계획한 가족 여행이 정말 기대된다.

어휘력 뿜뿜 반대말 • 개학 관용 표현 • 방학하다, 방학 숙제

관련 사자성어 門戶開放 문호개방
마음대로 드나들게 터놓음.

陽

볕 양

오늘의 낱말

陽地
양 지

볕이 바로 드는 곳

식물들은 볕이 바로 드는 양지를 좋아합니다. 식물만 그런 것은 아닙니다. 사람도 양지를 좋아하고 양지처럼 따뜻한 사람을 좋아하기 마련입니다. 나는 양지처럼 따뜻한 사람인가요?

예문 · 양지가 음지 되고, 음지가 양지 된다는 말은 맞는 말 같다.

어휘력 뿜뿜

비슷한 말 · 양달, 볕받이　반대말 · 음지, 응달, 그늘
동음이의어 · 양지(諒知) - 살피어 앎.

**관련
속담**

양지가 음지 되고, 음지가 양지 된다.
세상일이란 바뀌기 마련이고 돌고 돈다는 말.

15일

代

대신할 대

오늘의 낱말

當代
당 대

그 시대, 지금 이 시대

당대는 '사람의 한평생'을 이르는 말이기도 합니다. 사람들은 보통 내 당대에 모은 재산을 후대에 물려주곤 합니다. 나는 내 당대에 무엇을 이뤄 후대에 물려주고 싶나요?

예문 · 한석봉은 조선 당대 최고의 명필이다.

어 휘 력 뿜 뿜 비슷한 말 · 당초, 당세, 한평생

관련 사자성어 **代代孫孫 대대손손**
대대로 이어 내려오는 자손.

6월

18일

農

농사 농

오늘의 낱말

農 事
농   사

논밭을 갈아 곡식이나 과채류 따위를 심고 거두는 일

자녀를 낳아 키우는 일을 농사에 빗대어 '자식 농사'라 부릅니다. 농부가 풍년을 기대하면서 열심히 땀을 흘려 일하듯 부모님도 자녀가 잘되기를 기대하면서 열심히 뒷바라지하고 있는 것입니다.

예문 • 내 고향은 토지가 비옥하여 농사가 잘된다.

어 휘 력 뿜 뿜　비슷한 말 • **농업, 농작, 농경**

| 관련 성어 | **士農工商 사농공상**
예전에 선비(士), 농부(農), 공장(工), 상인(商)을 아울러 이르는 말. |

14일

當

당할 당, 마땅 당

當 然
당　　연

일의 앞뒤 사정을 놓고 볼 때 마땅히 그러함

우리는 당연하게 생각하는 일이 참 많습니다. 하지만 세상에 당연한 일은 없습니다. 심지어 숨 쉬는 일조차 당연하지 않습니다. 중환자실에 누워 가쁜 숨을 몰아쉬는 환자의 모습을 보면 알 수 있습니다.

예문 · 사람은 한 번 태어났다가 죽는 것은 당연한 것이다.

어휘력 뿜뿜

비슷한 말 · 당연지사(當然之事)
관용 표현 · 당연히, 당연하다

관련
성어

千不當萬不當 천부당만부당
천 번 만 번 부당하다는 뜻으로 전혀 가당치 않음을 이르는 말.

6월

事
일사

오늘의 낱말

事情
사 정

일의 형편이나 까닭

사람은 살다 보면 피치 못할 사정이 생기기 마련입니다. 이때 남에게 도움을 잘 청하는 사람이 있는가 하면 그렇지 못한 사람이 있습니다. 사람은 서로 사정을 살피며 돕는 존재입니다.

예문 · 엄마에게 사정을 해서 드디어 핸드폰을 갖게 되었다.

어휘력 뿜뿜

비슷한 말 · 처지, 형편, 이유, 까닭
관용 표현 · **사정을 두다** - 남의 형편을 헤아려 생각하다.

관련 속담

사정이 사촌보다 낫다.
사정만 잘하면 웬만한 것은 통할 수 있음을 이르는 말.

13일

部

거느릴 부

오늘의 낱말

부 분

전체를 몇 개로 나눈 것 중의 하나

"온 바닷물을 다 켜야 맛이냐"는 속담이 있습니다. 바닷물을 조금만 맛봐도 바닷물 맛을 짐작할 수 있다는 말입니다. 나의 모습 한 부분만 잘 살펴보면 내 전부를 알 수 있습니다.

예문 · 사과의 썩은 부분을 도려내고 먹었다.

어 휘 력 뿜 뿜

비슷한 말 · 일부, 분야, 구석   반대말 · 전부, 전체
관용 표현 · 일부분, 대부분

**관련
속담**

나무만 보고 숲을 보지 못한다.

부분만 보고 전체는 보지 못하는 근시안적인 행동을 비유적으로 이르는 말.

20일

安

편안할 안

오늘의 낱말

平安
평 안

걱정이나 탈이 없이 잘 지냄

'편안'과 '평안'은 의미가 조금 다릅니다. 푹신한 침대에 누웠을 때 몸이 편안함을 느낍니다. 마음에 근심 걱정이 없을 때는 평안하다고 합니다. 오늘 하루 편안하고 평안한 하루가 되길 바랍니다.

예문 · **친구와 말다툼을 해서 나는 평안을 잃게 되었다.**

어휘력 뿜뿜

비슷한 말 · 평온, 편안, 안녕, 평강 반대말 · 근심, 걱정, 불편

관련 사자소학

勿與人鬪 父母不安 물여인투 부모불안
남과 더불어 싸우지 말라. 부모님께서 불안해하시느니라.

12일

全

온전할 전

오늘의 낱말

全部
전 부

어떤 대상을 이루는 낱낱의 전체

사람들은 자기 인생이 어떻게 될지 궁금해합니다. 나의 인생 전부가 궁금하다면 오늘 하루를 살펴보세요. 하루하루가 모여 인생이 되는 것이니 오늘 하루를 보면 내 인생이 보입니다.

예문 · 할머니는 평생 모은 재산 전부를 대학에 기부했다.

어휘력 뿜뿜

비슷한 말 · 모두, 다, 전체, 온통, 몽땅, 송두리째
반대말 · 일부, 부분

관련 사자성어

全心全力 전심전력
온 마음과 온 힘을 기울임.

至

이를 지

오늘의 낱말

夏 至
하 지

낮이 가장 길고 밤이 가장 짧은 절기

저녁 8시가 되었는데도 깜깜하지 않습니다. 낮이 길어서 얼마나 좋은지 모릅니다. 하지만 아쉽게도 오늘 이후에는 동지(21일~22일)까지 낮이 짧아지고 밤이 길어집니다.

예문 • 하지에 먹는 하지감자는 정말 맛있다.

어 휘 력 뿜 뿜

반대말 • 동지(冬至)
관용 표현 • 하지감자 - 하지쯤에 캐는 감자로 가장 맛있는 감자.

관련 속담

하지가 지나면 발을 물꼬에 담그고 산다.
하지가 지나면 농부들이 논에 물을 대느라 매우 바쁨을 이르는 말.

11일

樂

풍류 악

오늘의 낱말

樂器
악 기

음악을 연주하는 데 쓰는 기구를 통틀어 이르는 말

혹시 다룰 줄 아는 악기가 있나요? 만약 좋아하고 지금 배우는 악기가 있다면 꾸준하게 배우세요. 악기 한두 가지를 연주할 줄 알면 인생이 얼마나 풍성해지고 행복해지는지 모릅니다.

예문 · 내 친구는 못 다루는 악기가 없을 정도로 음악에 재능이 있다.

어 휘 력 뿜 뿜   옛말 · 풍륫갓 관용 표현 · 악기 연주

관련
사자성어   **喜喜樂樂** 희희낙락
매우 기쁘고 즐거워함.

6월

22일

會
모일 회

오늘의 낱말

機 會
기 　 회

어떤 일을 하는 데 적절한 시기나 경우

현재를 영어로 'present'라고 합니다. 선물이란 뜻입니다. 현재는 신이 우리에게 허락한 선물입니다. 선물처럼 찾아온 현재는 다시는 오지 않을 기회일지 모릅니다. 지금이 기회입니다.

예문 · **어렵사리 찾아온 절호의 기회를 꼭 잡고 싶다.**

어 휘 력 뿜 뿜

비슷한 말 · 시기, 틈, 겨를, 타이밍
관용 표현 · 절호의 기회, 기회를 잡다

관련
사자성어

會者定離 회자정리

만나면 언젠가는 헤어지게 되어 있다는 뜻으로 인생의 무상함과 이별의 아쉬움을 일컫는 말.

10일

音

소리 음

오늘의 낱말

音 樂
음   악

목소리나 악기를 통하여 나타내는 예술

사람은 감성과 감정을 가진 존재이기 때문에 음악을 좋아하고 즐깁니다. 사람에게 끼치는 음악의 영향은 어떤 것보다 막강합니다. 아무 음악이나 듣지 말고 나에게 유익한 음악을 듣기 바랍니다.

예문 • 카페에는 평화롭고 잔잔한 음악이 흐르고 있었다.

어휘력 뿜뿜　비슷한 말 • 노래, 음곡　반대말 • 소음

관련 성어

知音 지음
소리를 알아듣는다는 뜻으로 자기의 속마음을 알아주는 친구를 이르는 말.

23일

社

회사 사

오늘의 낱말

會社
회   사

상행위 또는 영리를 목적으로 하는 단체

사람들의 모임은 목적이 있기 마련입니다. 회사는 영리를 목적으로 모이고 학교는 공부하기 위해 모이는 곳입니다. 어디를 가도 그곳의 목적에 맞게 열심히 하는 것이 지혜로운 사람일 것입니다.

예문 · 나는 커서 아빠가 경영하는 회사를 물려받을 생각이다.

어휘력 뿜뿜　　비슷한 말 · 기업, 사업체

관련 성어　　宗廟社稷 종묘사직
왕실과 나라를 통틀어 이르는 말.

9일

登

오를 등

오늘의 낱말

登山
등   산

운동, 놀이, 탐험 따위의 목적으로 산을 오름

등산은 건강에 좋은 운동으로 많은 사람의 사랑을 받습니다. 등산할 때는 안전사고에 조심해야 합니다. 등산할 때보다 하산할 때 사람들이 더 많이 다친다고 합니다.

예문 · 우리 가족은 주말마다 가까운 산을 찾아 등산한다.

어 휘 력 뿜 뿜   비슷한 말 · 등반, 등정 반대말 · 하산

관련 성어

登龍門 등용문

용문은 중국 황하강 상류에 있는 급류로 잉어가 올라가서 용이 된다는 전설에서 온 말로 출세를 하기 위해 거쳐야 하는 어려운 관문을 말함.

24일

直

곧을 직

直線
직   선

두 점 사이를 가장 짧은 거리로 연결한 곧은 선

평행하는 두 직선은 영원히 만날 수 없습니다. 하지만 한 직선이 방향을 조금만 틀면 언젠가는 만나게 되어 있습니다. 관계에서 한 사람이 마음을 조금만 돌린다면 만나지 못할 관계는 없습니다.

예문 · **평행이 아닌 두 직선은 언젠가 만나게 되어 있다.**

어휘력 뿜뿜

비슷한 말 · **선분** 반대말 · **곡선**
관용 표현 · **직선적** – 성품이 솔직하고 단도직입적인 것.

관련 사자소학

行必正直 言則信實 행필정직 언즉신실
행동은 반드시 정직해야 하며 말은 반드시 신실해야 한다.

油

기름 유

오늘의 낱말

油 田
유 전

석유가 나는 곳

대부분의 유전이 중동 지역에 있습니다. 땅을 파기만 하면 석유가 나오는 중동 나라들은 석유 한 방울 나지 않는 우리나라보다 잘 살지 못합니다. 무슨 일이든지 조건이 중요한 것은 아닙니다.

예문 · 남해안에서 유전이 발견되었다는 소식이 뉴스에 나왔다.

 어휘력 뿜뿜

비슷한 말 · 기름밭, 유정, 석유정
동음이의어 · 유전(遺傳) - 어버이의 특징이 자손에게 전해짐.

관련
속담

기름 맛을 본 개.

기름 맛을 본 개가 자꾸 기름을 먹고 싶어 한다는 뜻으로, 자꾸 어떤 일을 또 하고 싶어 하는 모양.

6월

25일

戰
싸울 전

오늘의 낱말

戰 爭
전 쟁

국가와 국가 또는 단체 사이에 무력을 사용하여 싸움

사람이 사는 곳에는 전쟁이 끊이지 않습니다. 국가끼리 하는 큰 전쟁도 있지만 개인끼리 하는 작은 전쟁이라 할 수 있는 싸움이나 다툼도 끊이지 않습니다. 나의 생활 속에는 평화가 잘 유지되고 있나요?

예문 · 아빠는 매일 아침 출근 전쟁에 시달린다.

어 휘 력 뿜 뿜 비슷한 말 · 싸움, 전투, 전란, 난리   반대말 · 평화

관련 사자성어 **戰戰兢兢 전전긍긍**
몹시 두려워 벌벌 떨며 조심함.

7일

度

법도 도

오늘의 낱말

態 度
태　　도

어떤 일이나 상황에 직면했을 때의 입장이나 자세

'어떻게 살아가는가' 하는 삶의 태도에 의해 인생이 결정되곤 합니다. 매사 최선을 다하고 성실한 태도를 가진 사람은 행복하고 성공하는 인생을 살아갈 수 있습니다. 나의 삶의 태도는 어떤가요?

예문 · 내 친구는 수업 태도가 누구보다 진지하고 성실하다.

어 휘 력 뿜 뿜 　비슷한 말 · 각오, 모양, 자세, 매너

관련 성어
度外視 도외시
안중에 두지 아니하고 무시함.

6월

26일

算
셀 산

오늘의 낱말

計算
계   산

수를 셈하거나 어떤 일이 자기에게 이해득실이 있을지 따짐

여러분은 혹시 계산에 밝은가요? 너무 계산적이거나 계산에 밝으면 우리는 약삭빠르다고 말하며 별로 좋아하지 않습니다. 다른 사람과의 관계에서는 내가 조금 손해 본다는 기분으로 대하면 좋습니다.

예문 · **수학 시험에서 사소한 계산 실수로 문제를 틀렸다.**

> 어 휘 력 뿜 뿜

비슷한 말 · **연산, 셈, 예상, 예산**
관용 표현 · **계산적** - 어떤 일이 자기에게 이해득실이 있는지를 따지는 성향이 강함.

> 관련
> 사자성어

利害打算 이해타산
이익이나 손해 관계를 이모저모 따져 헤아리는 일.

6일

速

빠를 속

速 度

속   도

일이 진행되는 빠른 정도

속도를 높여 빨리 가려고 하는 것이 인간의 속성인 듯합니다. 특히 남과 비교해서 조금이라도 더 빨리 가려고 합니다. 하지만 다른 사람들보다 빨리 가는 것보다 자신의 속도에 맞게 가는 것이 중요합니다.

예문 · 고속도로에서 차들이 속도를 한껏 높여 달리고 있다.

어 휘 력 뿜 뿜   비슷한 말 · **빠르기, 속력, 템포**

관련 사자성어   **速戰速決 속전속결**
싸움을 오래 끌지 않고 될 수 있는 대로 빨리 결정을 지음.

數

셀 수

오늘의 낱말

數 學

수 학

수와 양 및 공간의 성질에 관하여 연구하는 학문

수학이라는 과목을 좋아하나요? 수학을 잘하는 비결은 '매일 조금씩' 하는 것입니다. 매일 30분만 스스로 공부를 한다면 수학이 발목을 붙잡지는 않을 겁니다. 수학이 재미있어집니다.

예문 · 내일 제일 좋아하는 과목은 수학이다.

어 휘 력 뿜 뿜   비슷한 말 · 산학, 산수

관련 성어

數學的 思考 수학적 사고

수학을 공부하면서 길러지는 사고력으로, 어떤 문제를 해결하기 위해 계획하고 실행하면서 키워지는 사고력.

5일

孫

손자 손

子孫

자   손

자식과 손자를 아울러 이르는 말

나에게 부모님이 계시고 조부모님이 계십니다. 이분들은 나의 조상이 됩니다. 나도 나중에 결혼하면 자녀가 생기고 손자도 생길 겁니다. 이들은 나의 자손들입니다. 나는 어떤 자손을 갖게 될까요?

예문 • 조상 없는 자손이 어디 있겠는가?

어 휘 력 뿜 뿜

비슷한 말 • 후손, 아들딸   반대말 • 조상, 선조
관용 표현 • 직계 자손, 자손이 많다

관련
사자성어

子子孫孫 자자손손

자손의 여러 대라는 의미로 대대손손(代代孫孫)과 같은 말.

6월

28일

植

심을 식

오늘의 낱말

植栽
식   재

초목을 심어 가꿈

나무를 심고 가꾸는 것은 꿈을 키우는 것입니다. 나무를 심고 10년
은 기다려야 나무의 좋은 것들을 얻을 수 있습니다. 나무를 식재
하는 마음으로 내 꿈을 인생에 식재해 보세요.

예문 • 할아버지는 시골에 나무를 식재 후 정성껏 보살폈다.

어 휘 력 뿜 뿜   비슷한 말 • 재배, 식수, 식목

**관련
사자성어**   **孤根弱植 고근약식**
친척이나 가까이에서 돌보아 줄 사람이 거의 없는 사람을 비유적으로 이르는 말.

4일

祖

할아버지 조

오늘의 낱말

祖上

조   상

자기가 살고 있는 세대 이전의 모든 세대

내 조상 중에 자랑할 만한 조상이 있으면 우리는 남에게 말하곤 합니다. 부끄러운 조상의 이야기는 꺼내지 않습니다. 나도 후손들의 조상이 될 것입니다. 나의 후손들은 나를 어떤 조상으로 기억할까요?

예문 · **명절에는 조상의 산소를 찾아가 성묘를 한다.**

어휘력 뿜뿜

비슷한 말 · 선조, 선대
관용 표현 · **조상같이 알다** - 어떤 물건을 끔찍이 소중하게 여기다.

관련
속담

잘되면 제 탓, 못되면 조상 탓.

일이 안 될 때 그 책임을 남에게 돌리는 태도를 비유적으로 이르는 말.

29일

樹

나무 수

오늘의 낱말

樹木
수   목

살아 있는 나무

수목이 '살아 있는 나무'를 가리킨다면, 고목은 '죽은 나무'를 가리킵니다. 하지만 고목도 자세히 살펴보면 많은 곤충과 식물이 살고 있습니다. 수목은 살아서도 죽어서도 우리에게 좋은 것을 줍니다.

예문 · 우리 동네 뒷산은 수목이 무성하다.

어 휘 력 뿜 뿜   비슷한 말 · 나무   반대말 · 고목

관련 사자성어

風樹之嘆 풍수지탄

나무는 고요하고자 하나 바람이 그치지 않는다는 뜻으로, 부모에게 효도를 하려고 했을 때 이미 돌아가셔서 그 뜻을 이룰 수 없음을 이르는 말.

3일

語

말씀 어

오늘의 낱말

語調
어   조

말하는 모양이나 말투

사람은 누구나 독특한 어조로 말을 합니다. 차분한 어조를 가진 사람이 있는가 하면 흥분된 어조를 가진 사람도 있습니다. 자신만의 독특한 어조는 잘 모를 때가 많습니다. 나의 어조는 어떤가요?

예문 · 동생은 흥분된 어조로 씩씩대며 말했다.

 어 휘 력 뿜 뿜 · 비슷한 말 · 말투, 어투, 억양

관련 사자소학

飮食愼節 言語恭遜 음식신절 언어공손

먹고 마실 때는 삼가고 절제하며, 말할 때는 공손히 하라.

30일

與

줄 여

授 與
수   여

상장이나 훈장 따위를 줌

학교에서 "상장 수여가 있겠습니다"라는 말을 들어 봤을 것입니다. 상장을 받는 것은 언제나 즐겁고 떨리는 일입니다. 최근에 상장을 받은 경험이 있나요? 부모님께 내가 만든 상장을 수여해 보세요.

예문 · 학급 회장 임명장 수여식이 9시에 진행되었다.

어휘력 뿜뿜   비슷한 말 · 증여, 교부   관용 표현 · 상장 수여

관련
사자소학

飮食雖惡 與之必食 음식수악 여지필식
비록 음식이 거칠더라도 부모님이 주시면 반드시 먹어야 한다.

7월

2일

日

날 일

오늘의 낱말

每日
매   일

그날그날, 하루하루

나에게 주어진 하루는 그냥 주어진 '매일' 같지만 그렇지 않습니다. 오늘은 어제 죽은 사람들은 그렇게도 살고 싶었던 하루입니다. 오늘 나에게 주어진 하루에 최선을 다해야 하는 이유입니다.

예문 · 나는 요즘 매일 밤잠을 설치고 있다.

⟩ **어휘력 뿜뿜**   비슷한 말 · 매일매일, 나날이, 만날, 연일

관련 사자성어   **此日彼日 차일피일**
약속한 시간이나 기한을 이날 저 날 하며 미루는 모양을 나타내는 말.

七月

7월

1일

일곱 칠

오늘의 낱말

칠 **월**

한 해 열두 달 가운데 일곱째 달

후텁지근한 날씨가 이어지고 장마가 찾아오는 칠월입니다. 하지만 칠월은 여름방학이 있는 신나는 달이기도 합니다. 방학 계획 잘 세워 보람차고 행복한 방학이 되길 바랍니다.

예문 · 칠월이 되니 날씨가 무더워지고 있다.

어 휘 력 뿜 뿜 | 관용 표현 · **칠월 송아지** - 칠월의 번지르르해진 송아지처럼 팔자가 늘어진 사람을 비유적으로 이르는 말.

관련 속담 | **칠월 장마는 꾸어서 해도 한다.**
우리나라의 칠월에는 으레 장마가 있다는 말.